中学优质
主题班会构建
实用手册

刘远平 ■ 编著

图书在版编目(CIP)数据

中学优质主题班会构建实用手册/刘远平编著.--
重庆：西南大学出版社，2023.9
ISBN 978-7-5697-1922-2

Ⅰ.①中… Ⅱ.①刘… Ⅲ.①班会—教案(教育)—初中 Ⅳ.①G635.5

中国国家版本馆CIP数据核字(2023)第181122号

中学优质主题班会构建实用手册
ZHONGXUE YOUZHI ZHUTI BANHUI GOUJIAN SHIYONG SHOUCE

刘远平　编著

责任编辑：张浩宇
责任校对：张　庆
封面设计：汤　立
排　　版：夏　洁
出版发行：西南大学出版社(原西南师范大学出版社)
　　　　　　地址：重庆市北碚区天生路2号
印　　刷：重庆紫石东南印务有限公司
成品尺寸：185mm×260mm
印　　张：18
字　　数：385千字
版　　次：2023年9月第1版
印　　次：2023年9月第1次印刷
书　　号：ISBN 978-7-5697-1922-2
定　　价：88.00元

编 委 会

主　　任：刘远平

副 主 任：廖泽芬　全　辉　陈凡见　周　刚　邓清月

编写人员：汪　希　胡芳德　王祖代　郑　星　黄　焱

　　　　　阳维学　李虹妮　龚晓红　王　骞　孔令红

　　　　　蒋奉宴　刘　畅　陈官英　易达芳　宋世水

　　　　　钟其敏　龙红利　罗晓玲　刘胜利　曾国栋

　　　　　颜　菠　张　净　毛婷婷

扎实推进主题班会教育课程化实施

衡水中学算是中国基础教育的"现象级"学校,让人遗憾的是,大家只注意到该校每年出了多少个状元,每年有多少名学生考上了清华、北大,却没有关注其深厚的文化传统,事实上,该校的"激情班会""激情领誓"已成为学生成长的不竭动力。无独有偶,重庆巴川中学以"德育教育全员化、德育活动系列化、主题班会教研化"为突破口,铸就了远近闻名的教育品牌,该校在九年级开展了"主题班会"赛课,其目的就是充分激活学生状态,挖掘学生学习潜力。

无数事实证明,提升学生学业水平的关键,在于教师引导学生有目标、有激情地学习,有效率地学习,有方法、有技巧地学习,同时还需要学生具备良好的人际沟通、心理调适能力。另外,健康进取的班级风气也有利于学生提升学业水平。这些都需要通过全面加强学生思想教育来实现,而开展主题班会是全面加强学生思想教育的手段之一。然而,大多数学校的主题班会还存在一些明显的问题。

一是思想上不重视。不少班主任认为班会课可有可无,经常被挪作他用。或者把班会当成了下达任务、提出要求的会议。学校没有召开班主任会议,班上就不组织主题班会。更有甚者,班主任干脆把班会课当成自己的学科课来上。

二是工作上随意性大。班主任在班会课前没有认真准备、没有主题、没有计划,上台"信天游",天南海北讲一通,应付了事,没有起到主题班会应有的作用。有的班主任板着面孔说教,甚至对学生一顿怒骂,把班会课上成了对违纪学生的公开批评会。

三是内容上缺乏针对性。班会缺乏主题,泛泛而谈,空洞无物,课程没有吸引力,缺乏活动性,学生参与和师生互动不足。

四是建构上不系统。没有从学生身心发展规律和学校文化实际出发,系统性、序列化地建构主题班会。而是零碎、不加通盘考虑地讲一些临时发现的问题或者布置一些任务。

五是形式呆板、内容枯燥。多数班会课上成了总结班级情况的常规例会，形式呆板、千篇一律或者一味灌输、说教，趣味性不强，不能激发学生参与的积极性。

为了化解中学主题班会中的这些问题，笔者所在的重庆市永川区凤凰湖中学自2018年办学起，深入挖掘"凤凰文化"，树立"立德力行，和美育人"的德育观，促进学生身心健康、五育融合、和谐发展，逐渐成长为心怀天下、中庸和美、向善向上的未来建设者和接班人。学校的校训是"秉中正，致和美"，中正为正直、忠诚、纯正之意，出自《管子·五辅》："其君子，上中正而下谄谀。""和美"是和谐、美好之意思，以"和"促"美"，以"和"致"美"。"和"是过程，"美"是目标。这是儒家的"中庸"思想，其意是希望学校能够协调整合各方教育资源，创造和谐、愉悦的育人氛围，同时能培养正直、纯正的"君子"，实现体验美、塑造美、创造美的目标。学校的校风是"养正气，致中和"。孙中山先生有一自勉联："养天地正气，法古今完人"。"中和"语出《礼记·中庸》："致中和，天地位焉，万物育焉。"意思是只有在"和谐"的状态下，天地才能自然安定，万物才能自然生长。我校倡导一种和谐美好的浩然正气，打造风清气正的校园，培养向善向上的学子。学校的学风是"尽精微，致广大"。天地万物的和谐是中庸的内在追求和目标境界。"致广大而尽精微"是《礼记·中庸》中的一句话，原意为达到宽广博大的宏观境界，同时又深入到精细详尽的微观之处，这是一种极高的和谐，这种思想将引领师生培养终身学习习惯和阅读习惯。

自2018年建校起，我校着力推进主题班会课课程化。通过主题班会课，为学生品德的形成打造阵地，为教师专业的提升注入动能，为学校内涵式发展提供支撑。学校边实践边探索，主题班会课做到了系统化设计、序列化建构、课程化实施。

其一，系统化设计。通盘考虑初中三个年级六个学期，并根据学生身心发展阶段和品德形成规律，系统地确立主题和课题。另外建立设计模板，每个主题班会按照教育目标、教育重(难)点、教育过程三大部分进行设计。

其二，序列化建构。初中三年的班会课共包括6个主题，每个主题为一个序列，每个主题包含15个课题，共设90个课题。七年级上期围绕主题"过渡与适应"设置了"走进中学，少年有梦""目标，伴我成长"等15个课题，七年级下期围绕主题"求学与做人"设置了"严于律己，共筑和谐""珍惜时光，绿色上网"等15个课题；八年级上期围绕主题"责任与励志"设置了"做习惯的主人""学习有高招"等15个课题，八年级下期围绕主题"自强与自律"设置了"遵纪守法，做合格中学生""文明伴我行"等15个课题；九年级上期围绕主题"挑战与坚持"设置了"学生焦虑情绪的调节""面对挫折"等15个课题，九年级下期围绕主题"目标与超越"设置了"承担责任""做最好的自己"等15个课题。本书就是在这些成果的基础上提炼、增删而成。

其三，课程化实施。每周安排主题班会课，班主任在学校建构的主题班会方案的基础上，结合本班实际，完善方案，精心组织实施。课后不断反思总结，提升班会教育效果。

通过四年多的实践探索，我们建构起较为完备有效的初中主题班会课程。2022年，重庆市永川区推进"百名博士进校园，区域推进课后服务高质量发展"项目，借此机会，本书编者得到以重庆文理学院张苏强博士、永川区进修校易达芳教研员领衔的专家团队的精心指导，在此特致深深谢意。同时，我们祈愿此书能为德育工作打开一扇窗口，以期和同行交流共进。限于水平，不妥之处在所难免，望同行指正。

目 录

第一部分　七年级主题班会设计方案

七年级1　走进中学,少年有梦 ……………………………………… 3
七年级2　目标,伴我成长 …………………………………………… 6
七年级3　播种习惯,收获成功 ……………………………………… 9
七年级4　让读书成为一种习惯 …………………………………… 12
七年级5　告别不良行为习惯 ……………………………………… 16
七年级6　勤俭节约是美德 ………………………………………… 19
七年级7　心理健康的基本表现 …………………………………… 21
七年级8　学会沟通 ………………………………………………… 24
七年级9　远离手机危害 …………………………………………… 27
七年级10　寸草春晖报母恩 ………………………………………… 30
七年级11　学法知法守法 …………………………………………… 34
七年级12　学守则讲规范 …………………………………………… 37
七年级13　换位思考,共建美好 …………………………………… 40
七年级14　彼此尊重,共建美好 …………………………………… 43
七年级15　守纪是学习的前提 ……………………………………… 46
七年级16　严于律己,共筑和谐 …………………………………… 49
七年级17　珍惜时光,绿色上网 …………………………………… 52
七年级18　生命在于运动 …………………………………………… 55
七年级19　在挫折中成长 …………………………………………… 58
七年级20　我爱读书,我会读书 …………………………………… 61
七年级21　正视自己,改变自己 …………………………………… 64
七年级22　坦诚相待,和谐相处 …………………………………… 67
七年级23　目标引领未来 …………………………………………… 70

七年级24　好习惯与坏习惯 …………………………………………… 73

七年级25　走下情绪的电梯 ……………………………………………… 75

七年级26　如果我是他 …………………………………………………… 78

七年级27　食品安全伴我行 ……………………………………………… 81

七年级28　在合作中成长 ………………………………………………… 85

七年级29　防溺水安全教育 ……………………………………………… 88

第二部分　八年级主题班会设计方案

八年级1　做习惯的主人 …………………………………………………… 93

八年级2　莫让手机毁一生 ………………………………………………… 95

八年级3　青春不"叛逆" …………………………………………………… 98

八年级4　学习有高招 …………………………………………………… 101

八年级5　做情绪的主人 ………………………………………………… 104

八年级6　珍爱生命 ……………………………………………………… 107

八年级7　最好的对手是强手 …………………………………………… 110

八年级8　化解人际冲突 ………………………………………………… 113

八年级9　男生女生 ……………………………………………………… 116

八年级10　正视挫折 …………………………………………………… 119

八年级11　中学生如何建立良好的人际关系 ………………………… 122

八年级12　学会宽容与理解 …………………………………………… 125

八年级13　成功与失败 ………………………………………………… 128

八年级14　谈谈考试 …………………………………………………… 130

八年级15　遵纪守法,做合格中学生 …………………………………… 133

八年级16　锁住"潘多拉魔盒",莫让手机玩废青春 ………………… 136

八年级17　纪律,离不开教育惩戒 ……………………………………… 139

八年级18　遵纪守法,不越雷池 ………………………………………… 142

八年级19　人际交往的"吉祥三宝" …………………………………… 145

八年级20　增强自律能力,培养进取人格 ……………………………… 148

八年级21　直面挫折 …………………………………………………… 151

八年级 22	感受母爱,学会感恩	153
八年级 23	性格——掌握未来的钥匙	156
八年级 24	优雅地说"不"	160
八年级 25	文明伴我行	163
八年级 26	抵制校园欺凌	166
八年级 27	1+1>2 ——谈合作	169
八年级 28	成功伴我行	172
八年级 29	考前学习方法指导	174
八年级 30	远离毒品,珍爱生命	177
八年级 31	珍爱生命,预防溺水	180

第三部分　九年级主题班会设计方案

九年级 1	激荡青春备中考,明确目标奋初三	185
九年级 2	学生焦虑情绪的调节	187
九年级 3	科学方法伴我行	191
九年级 4	我们为什么要努力读书	194
九年级 5	面对挫折	197
九年级 6	积极应对挫折	200
九年级 7	法在身边	203
九年级 8	青春的磨难	206
九年级 9	期中考试动员	209
九年级 10	有效复习与诚信考试	212
九年级 11	运用记忆规律提升记忆效果	215
九年级 12	成长与成才	218
九年级 13	正确应对学习压力	221
九年级 14	塑造阳光心态	224
九年级 15	运用科学学习方法	227
九年级 16	展望明天,规划生涯	230
九年级 17	淬炼青春,圆梦中考	233

九年级 18	坚守纪律红线	236
九年级 19	破茧成蝶话中考	239
九年级 20	谈谈费曼学习方法	243
九年级 21	优化方法,提高复习效率	246
九年级 22	中考逆袭,皆有可能	249
九年级 23	知识改变命运,学习成就未来	252
九年级 24	争做时间主人,把握中考主动	255
九年级 25	自信支撑中考	258
九年级 26	承担责任	262
九年级 27	做最好的自己	265
九年级 28	如何调节学习压力	267
九年级 29	学会调控情绪	270
九年级 30	奋力冲刺,决胜中考	272

第一部分

七年级主题班会

> 七年级 1

走进中学,少年有梦
主题班会设计方案

一、设计背景

  与小学相比,进入初中之后,学习内容增加了,学习方式改变了,学习要求更高了,学习时间更长了,学习难度也更大了。初中时期,学生的身心发展也由少年期向青春期过渡,这一时期学生的可塑性大,既是掌握基础知识、基本技能的最佳时期,又是为今后发展创造条件的重要时期。

  从小学升入初中,对学生来说最大的挑战就是要适应学习环境的变化、学习内容的变化、学习方法的变化。而部分学生自身的适应能力比较差,面对突如其来的变化,有的学生一进校就会失去信心,产生自我怀疑的消极情绪。另外学生在进入青春期后遇到了麻烦,有时会采取过激的方式来发泄自己的情绪。因此,如何让学生顺利适应初中生活尤为重要。

二、教育目标

  1.帮助学生了解初中学习生活与小学学习生活的不同。
  2.引导学生主动地改变自己,以尽快适应初中的学习要求。
  3.认识凤凰湖精神和凤凰湖文化,激发学生的进取热情。

三、教育过程

(一)情境导入

  大家走进了初中,走进了凤凰湖,请同学们谈谈自己在凤凰湖中学的感受。

(二)认识凤凰湖

  1.凤凰湖释义。
  凤凰涅槃:体悟凤凰的勇敢精神和意志。

雏凤清声:培养身心和谐的学子。

百鸟朝凤:铸就"和美"品牌。

2.观看视频《卧冰求鲤》,观看前设问:什么是担当情怀?

3.组织学生回忆卧薪尝胆的故事,思考并回答:什么是坚韧品格?

4.理解校训含义,体会如何做优秀凤凰湖人。

我校的校训是"秉中正,致和美"。"中正"为正直、忠诚、纯正之意,出自《管子·五辅》:"其君子,上中正而下诡谀。""和美"是和谐、美好的意思,以"和"促"美",以"和"致"美"。"和"是过程,"美"是目标。这是儒家的"中庸"思想,其意是希望学校能够协调整合各项教育资源,创造和谐、愉悦的育人氛围,同时,学校能培养正直、纯正的"君子",实现体验美、塑造美、创造美的目标,培养"身心和谐大美至善"的和美学生,让学生在我校学习生活期间,身心健康,五育融合,和谐发展,逐渐成长为心怀天下、中庸和美、向善向上的未来建设者和接班人。

(三)感受凤凰湖

观看学校宣传片,回答以下问题。

1.对凤凰湖中学有什么新的认识?

2."和美"包括哪些方面,你的"美"表现在哪里?

3."和"和"美"是什么关系?

"和"是指身心健康,五育融合,和谐发展,中庸和美,向善向上。"美"是自己在语言、计算、运动、音乐、美术等相对突出的方面。

(四)了解凤凰湖中学"和美"典型——刘鑫沂

刘鑫沂,永川区三好学生、永川区优秀学生干部,是凤凰湖中学2019级16班的学生,2022年中考成绩获永川区第一名。

刘鑫沂能力突出,工作负责,从初中开始,她就展现出了极强的组织能力和管理能力,在初中阶段也一直担任班长一职。老师不在的时候,她就是"老师"。她严格自律,并始终不忘作为班干部的工作职责,能公平公正地调解同学之间的矛盾,主动关心学习困难的同学,组织成绩好的同学一同帮助学习有困难的同学提高学习成绩,使同学之间形成和谐、融洽、互助的良好关系。

每天,刘鑫沂都主动带领同学们按时进行早读。她能写会画,班上的板报、文化墙都是由她带领板报组成员认真选题、选画、选内容,并和同学一起合作完成的。每次老师交给她的任务,她从不推脱,总是一丝不苟地认真执行,是老师贴心的"小帮手"。

刘鑫沂热爱公益,积极加入志愿者队伍,在永川区举行的"三城同创"活动中,鼓励同学们从小事做起,为家乡的美好尽一份绵薄之力。

"一分耕耘,一分收获。"刘鑫沂总是以这样的态度对待学习和生活,处处为班级着想,为别人着想,处处维护学校形象。她严格要求自己的一言一行,遵守各项规章制度,而且自身品学兼优,是同学们的榜样,是一只翱翔蓝天的"金凤凰"。

(五)践行凤凰湖精神

你的特长、优势和潜能在哪个方面?你打算如何达到"和美"的目标?

七年级 2

目标,伴我成长
主题班会设计方案

一、设计理念

本次班会是针对七年级学生在学习、生活中缺乏目标意识、缺乏远大志向、盲目做事的特点而设计的。本次班会能使学生懂得确立自己的奋斗目标是获得成功的基础,激励学生追求美好的理想,确立远大的志向,形成奋发向上、勇于进取的精神风貌。

二、教育目标

1. 通过联想、讨论、小组交流、合理设计未来目标等活动,使学生懂得目标对人生的引导作用。

2. 引导学生思考、分析自己的人生目标。

三、教育重、难点

重点:让学生体验达到目标时的激动心情,促进学生更加奋发向上,向新的目标迈进。

难点:帮助学生确立适合自己的奋斗目标。

四、课时安排

一课时。

五、教育过程

(一)课堂导入:从《西游记》谈目标

《西游记》在中国是家喻户晓的,那么,你认为在唐僧师徒中,谁最重要呢?
学生思考、讨论,教师提示:唐僧,唐玄奘。

为什么？人们总是以为，唐僧最没有本事。但是，就是他，在三个徒弟都离开之后，毅然一个人奋勇向前，不达目的誓不罢休。唐僧的目标，就是去西天取回真经普度众生。最后，唐僧不仅仅取回了真经，而且还使三个徒弟最终功德圆满而成佛。而三个徒弟，纵然有天大的本事，但因为他们并不知道为什么要去西天，所以才经常开小差。

（二）游戏——"走"

1.同学们离开座位，在教室里自由走动。为了给同学们独立的体验空间，在游戏过程中，不必进行言语交流。

提示：请注意安全，避免身体碰撞。

想一想：走的过程中，你有什么样的感受？

2.如果让你选择一个城市，你希望去哪里？同样还是走，这次同学们走过去，取回标有城市名的小红旗，然后回到自己的座位。

想一想：

（1）第一次走与第二次走，感受一样吗？为什么？

（2）当你成功地找到属于你的小红旗时，那时你的心情如何？

（3）这个游戏，想告诉我们什么？

教师归纳：这个游戏充分说明，没有目标，生活就是盲目的、庸庸碌碌、无所事事、虚度光阴，而目标对人生有巨大的导向性作用。

（三）畅想未来——树立合理的目标

活动：未来畅想曲——时光之旅。

1.教师指导学生畅想"十年后的我"。

关掉教室的灯光，有窗帘的把窗帘拉上。让学生选择一个舒适的坐姿，闭上眼睛，身体放松，情绪放松，静下心来，平稳呼吸。在悠扬的背景音乐下，听着引导语，渐渐地进入时间隧道，寻找十年后的自己……

2.写出"十年后的我"在哪里？什么身份？工作是什么？最满意的事是什么？然后请几位学生与全班同学交流分享。

3.教师点评、归纳。

同学们对未来的梦想或设想即是每个人的人生目标。而目标就是你通过活动希望得到的结果。每个同学看到的景象并不一样，因为每个人的理想是不同的，实现的程度也不一样。

（四）谈谈你的收获

提示：明白树立目标的重要性，目标的意义；确立了什么样的阶段性人生目标，以及怎样付诸行动。

（五）朗读、体会

我在凤凰湖绽放精彩

今天，我走进凤凰湖。中学之旅由此开启，在父母的期待、老师的教诲、同学的互助下，我将立志、求知、健体、尚美，编织梦想，播种希望。

今天，我认识"和美"。人人都有优点，人人都有潜力。身心和谐，大美至善。我自信，我是独一无二的我；我骄傲，凤凰湖包容尊重我们每个学生。把特长化成信心，把优势变成动力，我一定能全面发展，长远发展。

今天，我诠释奋斗。青春宝贵，奋斗中方可绚丽光华；青春短暂，奋斗中才能凝成永恒。认真上课，静心思考，及时完成作业，我以汗水浇灌梦想，我用知识扮靓青春。

今天，我"和美"，披荆斩棘，为的是开启成功的大门；明天，我远航，成为凤凰湖的骄傲。

身心和谐，大美至善！心怀天下，强国有我！

（六）作业布置

"十年后的我"给"现在的我"写一封信。

提示：当"十年后的我"遇见"现在的我"，会有什么话要告诉"现在的我"？会对"现在的我"有什么希望？什么要求？

七年级 3

播种习惯,收获成功
主题班会设计方案

一、教育目标

1. 引导学生认识到良好行为习惯的重要意义。
2. 帮助学生纠正不良行为习惯。
3. 指导学生践行良好习惯,收获成功。

二、教育重点

引导学生认识到良好行为习惯对成功的重要性并自觉践行良好行为习惯。

三、教育过程

(一)故事导入

曾经有75位诺贝尔奖得主聚会于巴黎,当时有人问一位诺贝尔奖获得者:"请问您在哪里学到了您认为最主要的东西?"这位科学家平静地回答:"在幼儿园。"提问者大惑不解:"在幼儿园学到什么?"科学家深情地回忆说:"学到把自己的东西分一半给小伙伴,不是自己的东西不要拿,东西要放整齐,吃饭前要洗手,做错了事情要表示歉意,午饭后要休息,要仔细观察周围的大自然。我想,从根本上说,我学到的主要东西就是这些。"

(二)理解中国成语与印度谚语

1. 中国成语:种瓜得瓜,种豆得豆。做了什么事,就能得到什么样的结果。
2. 印度谚语:播种行为,收获习惯;播种习惯,收获性格;播种性格,收获人生。

(三)习惯与命运的关系

(略)

(四)关于习惯的名人名言,强化观点

(略)

(五)交流空间

1.说说自己关于"好习惯""坏习惯"的故事。
2.发现身边同学的好习惯与坏习惯。

(六)好习惯学习典型——邓涵尹

邓涵尹,2019级18班学生,永川区优秀学生干部、永川区优秀团干部,凤凰湖中学学生会主席。

进入凤凰湖中学以来,在学校领导和老师的关心与培养下,邓涵尹在思想、学习和生活等各个方面都有了很大的进步和提高,并取得了较好的成绩。她一进入凤凰湖中学,就被同学们选举为班级文艺委员。在任班级文艺委员期间,她积极配合班主任并协调其他班委积极主动开展各项活动,以身作则,用自己高涨的热情与责任心去感染同学,同时积极地参与班级和学校的活动。

2019年,通过竞选,邓涵尹成功入职学生会,担任文艺部长。2020年,她在竞选中,高票当选凤凰湖中学校学生会主席。在学生会这个先进集体中,她得到不少锻炼,得到飞速提高和成长。她办事精干、处事果断,各方面能力得到了极大的提高,在思想、学习、工作等方面取得了较大的进步。在工作中,她是团支部书记的得力助手,带领同学们做好每一项工作、完成每一次任务,成功组织举办了各种大型活动,为全校师生带来了欢乐,增加了学校师生的凝聚力。

邓涵尹多才多艺,能歌善舞。拉丁舞及演奏古筝、钢琴、葫芦丝,她无一不精;演讲、主持、绘画,她样样出彩,在征文比赛中也多次获奖。每年,她协助团支部书记,带领学生组织体育文化节、艺术节、读书节、科技节,组织班级辩论赛、英语剧比赛、元旦晚会等,极大地丰富了同学们的课外活动。同时,这也提高了各班级的凝聚力和竞争力,培养了同学们力争上游的意识。

邓涵尹在校是一个遵规守纪的好学生,在家也是一个孝亲敬长的乖宝宝。她主动帮妈妈分担家务,关心妈妈,是妈妈贴心的小棉袄。她对爷爷奶奶、外公外婆体贴入微、关怀备至,每逢节假日,主动关心、问候,挤出时间照顾老人、用心陪伴。她精湛的厨艺,更为亲人们增添了家的温暖、幸福的味道。

邓涵尹勇于尝试新的东西,不断挑战极限,并尽其所能努力做好每一件事。走进中学,她就为自己设立了明确的奋斗目标。她时常告诉自己:我能,我行,我会成功!凤凰

湖中学团支部连续3年被评为永川区"五四红旗团支部",也有她付出的努力和汗水。在2021年的"学宪法讲宪法"演讲比赛中,她获得了重庆市第二名的好成绩。

但行耕耘,莫问收获。邓涵尹立志要在高中三年努力提高学习能力,提高综合素质,去追逐她的梦想。

习近平总书记告诫我们,人生的扣子从一开始就要扣好。邓涵尹同学在磨砺中成长,在奋斗中诠释美德,她立德立志,从小养成勤俭节约的习惯,作为班级标兵,她正用实际行动扣好人生的每一粒扣子。作为永川区优秀学生干部、永川区优秀团干部,她带领班级、带动同学们奋发图强、向善向上。

(七)如何养成好习惯

1.保持专注。

2.建立知识联系。

3.随时反思。

4.学会联想。

七年级 4

让读书成为一种习惯

主题班会设计方案

一、设计背景

中小学语文新课标提出,中小学生的课外阅读要培养学生广泛的阅读兴趣,扩大阅读面,增加阅读量,提高阅读品位。提倡少做题,多读书,好读书,读好书,读整本的书,并提出小学和初中九年的课外阅读总量要达到400万字以上。

作为一名班主任,理应积极组织学生多读书,让学生养成爱读书的好习惯,为他们的一生打下奋发的底色。

二、教育目标

1. 认识到读书的意义。
2. 激发学生的读书热情。
3. 引导学生养成读书的好习惯。

三、教育重点

寓教于乐,让学生自己教育自己,让学生爱上阅读。

四、课前准备

1. 让学生收集古今中外有关读书的名言,用于展示。
2. 查阅有关读书作用的各种相关资料。
3. 收集有关读书成才的案例。

五、教育过程

（一）设问，引入主题

在"诺贝尔奖"评选中，哪个民族领先？

有统计数据显示：尽管犹太人只占世界人口的0.2%，但自1895年诺贝尔奖成立以来，犹太人将22%的诺贝尔奖收入囊中。在881个诺贝尔奖得主中，至少有196个是犹太人。在21世纪，犹太人获得诺贝尔奖的人数比重上升，达到28%。

提问：是犹太人聪明吗？犹太人聪明的原因在哪里？

犹太人家庭仪式：当他们的孩子刚懂事时，母亲就会将蜂蜜滴在书本上，让孩子去舔书上的蜂蜜，其用意是想告诉孩子，书本是甜的。

（二）展示读书格言警句

请大家展示一下你所收集的读书名言。注意每个人只说一句，关键是要说出你从这句名言中悟出了什么。

书籍是人类进步的阶梯。——高尔基

书是传播智慧的工具。——夸美纽斯

书是我们时代的生命。——别林斯基

书籍是青年人不可分离的生命伴侣和导师。——高尔基

读书使人心明眼亮。——伏尔泰

书山有路勤为径，学海无涯苦作舟。——韩愈

（三）讨论中国人均图书阅读量和先进国家的差距

英国人平均每人一年读书55本。

美国人平均每人一年读书50本。

法国人平均每人一年读书11本。

韩国人平均每人一年读书7本。

日本人平均每人一年读书4本。

中国14亿人口，扣除教科书，平均每人一年读书0.7本。

教师：有一句话是这么说的，看一个人优秀不优秀，就看他业余休息时间在做什么。个人要成才，就应该把阅读当成是吃饭一样，当成生活的习惯。

(四)现场调查学生的读书情况

教师:现在,我想了解一下你们读书的情况。我们来一个现场调查,怎么样?请大家围绕下面一些问题进行认真思考,并如实回答。

(现场调查问题设计)

(1)你每天读书吗?

(2)你在什么时间读书?

(3)你读的是什么书?

(4)你会读多长时间?

(五)推荐书目

《繁星春水》《伊索寓言》《爱的教育》《童年》《昆虫记》《鲁宾逊漂流记》《朝花夕拾》《西游记》《骆驼祥子》《钢铁是怎样炼成的》《海底两万里》《名人传》《水浒传》《傅雷家书》《培根随笔》《格列佛游记》……

(六)仿写读书格言

(略)

(七)向学生发出读书倡议

教师:一个不重视阅读的学生,是一个没有发展的学生;一个不重视阅读的家庭,是一个平庸的家庭;一个不重视阅读的学校,是一个乏味的学校;一个不重视阅读的民族,是一个没有希望的民族。

为了让读书之风吹遍整个校园,我们班班委会成员向同学们发出以下倡议。

读书倡议

1. 每天至少读书半小时。

2. 养成不动笔墨不读书的习惯。"劳于读书,逸于作文。"多积累,多感悟,这样才能更好地提高自身的文化修养。

3. 掌握科学的读书方法。

4. 树立"读书好,好读书,读好书,活读书,读活书"的理念,共同营造书香校园、书香班级,让书滋养我们的心灵。

(八)结束

教师:一个人的精神成长史,就是他的阅读史。蹉跎莫遣韶光老,人生唯有读书好。让我们真正爱上读书,养成读书的好习惯,从中体会无尽的乐趣吧!

(背景音乐:《云在青天书在手》)

七年级 5

告别不良行为习惯
主题班会设计方案

一、教育目标

1. 帮助学生识别不良行为习惯。
2. 引导学生认识不良行为习惯的危害。
3. 引导学生养成良好行为习惯。

二、教育重点

引导学生自觉养成良好行为习惯。

三、教育过程

（一）设问

教师：什么是不良行为习惯？

对自己和他人的身心有害，不利于自己和他人的身心健康的行为习惯；妨碍他人的行为习惯；影响自己和他人成长的行为习惯；不雅，有碍观瞻的行为习惯。

（二）讨论

教师：同学们身上存在哪些不良行为习惯？
提示：课内、课外，校内、校外。

（三）自我审视不良行为习惯和社会中的不良现象

（略）

(四)如何纠正不良行为习惯

1. 自尊自爱。
2. 牢记校训、校风、学风。

校训:秉中正,致和美。

校风:养正气,致中和。

学风:尽精微,致广大。

3. 遵守《中小学生守则》。

(1)爱祖国。尊敬国旗国徽,奏唱国歌时肃立,升降国旗时行礼,了解国情历史。

(2)爱学习。勤思好问,乐于探究,上课专心听讲,勇于发表见解,按时完成作业,养成阅读习惯。

(3)爱劳动。自己事自己做,积极承担家务,主动清洁校园,参与社会实践,热心志愿服务,体验劳动创造。

(4)讲文明。尊敬父母师长,平等友善待人,言行礼貌得体,自觉礼让排队,保持公共卫生,爱护公共财物。

(5)讲诚信。守时履约,言行一致,知错就改,有责任心,不抄袭不作弊,不擅动他人物品,借东西及时归还。

(6)讲法治。遵守校纪校规,参与班级管理,养成规则意识,了解法律法规,不做违法之事。

(7)护安全。红灯停绿灯行,防溺水不玩火,会自护懂求救,远离毒品,珍惜生命。

(8)护健康。养成卫生习惯,不吸烟不喝酒,控制上网时间,抵制不良信息,坚持锻炼身体,保持阳光心态。

(9)护家园。节粮节水节电,践行垃圾分类,爱护花草树木,低碳环保生活,保护生态环境。

(五)做加减法:加良好习惯,减不良习惯

(略)

(六)名人案例:鲁迅与"三味书屋"

鲁迅先生1881年出生于绍兴一个破落的士大夫家庭。鲁迅是中国现代著名的文学家、思想家和革命家。

鲁迅自幼聪颖勤奋。三味书屋是清末绍兴城里的一所著名的私塾,鲁迅12岁时到三味书屋跟随寿镜吾老师学习,在那里攻读诗书近五年。鲁迅的座位在书房的东北角,他

使用的是一张硬木书桌。现在这张木桌还放在鲁迅纪念馆里。

鲁迅13岁时,他的祖父因科场案被捕入狱,父亲又长期患病,家里越来越穷,他经常到当铺卖掉家里值钱的东西,然后再去药店给父亲买药。有一次,父亲病重,鲁迅一大早就去当铺和药店,回来时老师已经开始上课了。老师看到他迟到了,就生气地说:"十几岁的学生,还睡懒觉,上课还迟到。下次再迟到就别来了。"

鲁迅听了,点点头,没有为自己做任何辩解,低着头默默回到自己的座位上。

在以后的日子里,他父亲的病更重了,鲁迅更频繁地到当铺去卖东西,然后到药店去买药,同时家里很多活儿都落在了鲁迅的肩上。他每天天不亮就早早起床,料理好家里的事情,然后再到当铺和药店,之后又急急忙忙地跑到私塾去上课。虽然家里的负担很重,可是他再也没有迟到过。

每当他按时到达课堂,他都会觉得开心,心想:"我又一次战胜了困难,又一次实现了自己的诺言。我一定要加倍努力,做一个信守诺言的人。"

后来父亲去世了,鲁迅继续在三味书屋读书。老师的为人和治学精神,以及曾经为鲁迅留下深刻记忆的三味书屋和那个刻着"早"字的课桌,一直激励着鲁迅在人生的路上继续前进。

鲁迅1898年考入江南水师学堂。后来又公费到日本留学,学习西医。1906年鲁迅放弃了医学,开始从事文学创作,并最终成为中国新文学运动的倡导者。鲁迅是中国文坛的一位巨匠,他的著作《鲁迅全集》被译成五十多种文字广泛地在世界上传播。

(七)总结

孔子曾说:"少成若天性,习惯如自然。"反过来,在日常学习生活中积久形成的坏习惯,改变起来有难度,但我们必须坚决改掉。

研究结果表明,3周以上的重复会形成习惯,3个月以上的重复会形成稳定的习惯。同理,只要不断改变和坚持,再顽固的恶习也能改掉。

七年级 6

勤俭节约是美德
主题班会设计方案

一、教育目标

1. 引导学生认识勤俭节约的重要意义。
2. 帮助学生养成勤俭节约的好习惯。
3. 教会学生如何勤俭节约。

二、教育重点

帮助学生养成勤俭节约的好习惯。

三、教育过程

（一）从日常生活现象中认识资源的宝贵

1. 一度电能干什么？

25瓦的电灯能亮40个小时,电风扇能连续运行15小时,普通家用冰箱能运行24小时,1台电视机可以运行10小时。

2. 一张纸的价值有多大？

一张纸能用于保险单、钱、存折、绘画、工艺品、广告、证书、菜单、剪纸、药方、合同等。

3. 一吨水的价值有多大？

炼钢150千克,或生产化肥500千克,或织布220米就要消耗大约一吨水。

人体有三分之二以上是水分,我们每天都要喝水,用来补充流汗和呼吸时失去的水分,以保持健康。

（二）观察身边的浪费现象

提示：食堂就餐、清洗衣物等。

(三)体会父母挣钱的艰辛

(略)

(四)勤俭案例

1.苏轼的故事。

唐宋八大家之一的苏轼20岁中进士,前后共做了约40年的官,做官期间他总是注意节俭,常常精打细算过日子。公元1080年,苏轼被降职贬官来到黄州,由于薪俸减少了许多,他穷得过不下去,后来在朋友的帮助下,弄到一块地,便自己耕种起来。为了不乱花一文钱,他还实行计划开支:先把所有的钱计算出来,然后平均分成12份,每月用一份;每份钱又平均分成若干小份,每天只用一小份。钱全部分好后,挂在房梁上,每天清晨取下一份,作为全天的生活开支。他还要仔细权衡,能不买的东西坚决不买,只准剩余,不准超支。积攒下来的钱,苏轼把它们存在一个竹筒里,以备不时之需。

2.毛泽东的故事。

毛泽东是中华民族艰苦奋斗、勤俭朴素优良传统的继承者和代表者。早在中学时他就在读书笔记中写下"惟安贫者能成事"的名言。新中国成立后,毛泽东常对身边的工作人员说:"现在国家还穷,不能开浪费的头。""我们生活在这个世界上,不是为了吃世界,而是为了改造世界。这才是人,人跟其他动物就有这个区别。"当时的毛泽东只有几套遇到大事才穿的灰色中山装,一件睡衣从20世纪50年代一直穿到去世。

(五)如何勤俭节约

1.节约用水。
2.节约粮食。
3.节约学习用品。

(六)讨论

小明一家人参加爸爸单位的一次聚餐,妈妈提出将剩菜"打包",爸爸说妈妈寒碜。假如你是小明,该如何处理?

(七)总结

每位学生都应成为文明的使者。勤俭节约是一种文明修养,也是一种美德,希望同学们树立勤俭节约的意识,养成勤俭节约的习惯,争做勤俭节约标兵!

七年级 7

心理健康的基本表现
主题班会设计方案

一、设计背景

学生心理健康问题是当前教育中亟待正视和解决的问题。本次班会从心理健康的基本表现入手,让学生对心理健康有基本的了解。

二、教育目标

1. 指导学生了解心理健康的基本表现。
2. 引导学生关注自身心理状况。
3. 帮助学生调节情绪,健康成长。

三、教育过程

(一)情境引入

一名七年级学生在假期沉迷于玩手机游戏,开学时间到了,爸爸叫他交出手机,他坚决不肯,随后躲进卫生间不愿出门。不管爸爸怎么劝说,仍然锁紧卫生间门,僵持了两个多小时,爸爸才请锁匠破门进入,却被眼前的一幕惊呆了,孩子用刀片划伤了自己的手腕,血流不止。

这名学生的行为,同学们怎样看?

(二)心理健康的基本表现

1. 认知正常——树立远大理想,面对现实,不仅知人,而且知己。

正视现实、了解自我、悦纳自我和控制自我,对自己的角色认同,和现实保持良好的接触,对周围的事物有清醒的认识。良好的心理状态,也就是在理想和现实中找到适度平衡。

2.情绪适度——该喜则喜,该悲则悲,不焦不躁,善于调节。

情绪是人类一种较为复杂的心理过程,我们要积极培养自己调节情绪的能力。

3.行为适当——意志坚强,行为适当,严于律己,适应社会。

在人的一生中,会遇到许多困难,尤其是初中生,要有进取精神,同时必须具备克服困难的良好意志品质。

首先,要有明确的学习目标和力求达到这个目标的坚定志向。

其次,遇到困难,态度要坚定,行动要果断,不为暂时的失败灰心丧气。

最后,要有沉着、自制、耐心和贯彻始终的恒心。

4.沟通良好——善于交往,沟通良好,学会合作,公平竞争。

一个人在人际交往方面如果有欠缺,他就会变得孤单寂寞、孤独无助。因此,在与人交往时要注意以下几个要点。

一是学会尊重。"敬人者,人恒敬之。"他人的尊重是人的一种基本的需要,良好的人际关系是建立在相互尊重的基础上的。你不尊重别人,别人就难以成为你的朋友。

二是乐于助人。每一个人都会在生活中遇到困难。当别人遇到困难时,如果我们能主动伸出援助之手,帮助别人战胜困难,这样就能赢得更多的朋友。

三是虚心好学。我们可以把与人交往看作是学习的好机会。俗话说:"尺有所短,寸有所长。"别人有许多值得自己学习的东西。向他人学习,既提高了自己,又交了朋友,何乐而不为呢?

四是宽容大度。在交往中应能宽容别人的缺点和过错,不为区区小事而斤斤计较。正确的态度是:对己严,对人宽。己所不欲,勿施于人。

五是不搬弄是非。我们要坚决避免在背后议论他人,对别人的秘密和个人隐私,知道的不传播,不知道的不要问。当别人知道你在背后议论他时,你们的友谊就到头了。

六是战胜自卑。自卑感是人类特有的一种消极情绪,它会使人感到孤独、压抑、无助,不但导致学习和工作效率不高,身心健康也会受到影响。在人际交往中它会抑制自信心,让人产生退缩、逃避行为。一个人要自信地与人交往,这样才能成为一个受人欢迎的人。

七是求同存异。我们每个人的个性都是独一无二的,家庭、专业、经历、兴趣、爱好、性格、能力都有差异。要求别人都和自己一样是不实际的,何必事事以"我"为参照物呢?我们要承认差异,并正确对待差异,要采取自我约束、积极适应的态度,求同存异,磨合关系,使人际关系趋于完美和谐。

5.个性健全——气质优雅,性格开朗,襟怀坦荡,言行一致。

有健全个性的人懂得另一种享受。世界上可以享受的东西有很多,例如:泡一杯茶,提提精神,是享受;打开电视机,看看有趣的节目,也是享受。当然,这些享受都是一般的享受。作为健康的人,光有这些享受是不够的,还需要另一种享受,一种高尚的精神上的享受。

(三)小组讨论

对照以上标准,想想自己在情绪管理上还存在哪些不足。

(四)总结

做一名心向阳光、学有目标、坚强乐观、包容大度的好少年。

七年级 8

学会沟通
主题班会设计方案

一、设计理念

　　人与人之间的沟通是传递信息、交流思想、增进了解、彼此接纳、发展友情、合作共事等的最重要途径。沟通也是人的基本心理需求，具有心理保健功能。初中生经常沟通的人有同学、老师和家长，与这些人进行有效的、愉快的沟通，不仅有利于建立与他们良好的人际关系，而且也能在沟通中互相学习、互相促进、共同成长。

二、教育目标

　　1.通过活动,让学生体验、认识沟通的重要性,形成主动沟通、有效沟通的意识。
　　2.引导学生学会沟通的一些方法和技巧,以提高人际交往能力。

三、教育重、难点

　　重点:通过参与游戏,体验沟通的两种模式及不同。
　　难点:认识到沟通不仅仅只是语言沟通,还存在非语言沟通。

四、教育过程

（一）引入主题:热身游戏——击鼓传"花"

　　游戏规则:鼓声起,"花"传,鼓声停,"花"停,"花"停在谁的手里,谁就要给大家演示一个老师传达的表情或动作,待同学们猜出表情或动作的意思之后,"花"继续传。
　　老师总结:刚刚同学们在游戏中的表现都非常棒！被选中的同学都能比较准确地按照老师的要求完成相应的表情或者动作,而其他同学也能够迅速地判断出是什么意思。这是因为老师的要求很简单,只是请同学做出一些特征比较明显的表情或动作,而在我们的现实生活当中,会遇到别人传递更复杂的意思表达的情况,对于更复杂的表达我们就不一定能像刚才那样准确地理解了,这就需要"沟通"。

· 24 ·

(二)深入主题

1.了解沟通和沟通的基本方式。

沟通是指人与人之间的信息交流过程,也就是人们在共同活动中彼此交流各种观念、思想和感情的过程。

沟通的基本方式:语言沟通、非语言沟通。

2.体验活动:传话游戏。

(1)游戏规则。

每组的第一位同学上讲台来领取一张纸条,纸条上面有一句话,第一位同学看完之后记住纸条上的话,然后回到自己的位置。听到"开始"的指令后,每组的第一位同学悄悄地将纸条上的话传给第二位同学,声音要小,不能让下一个人听见,每人只能说一遍。第二位再传给第三位……依次传下去,最后一位同学将自己听到的话写到黑板上。最后比一比,看看哪一组传话准确度高、速度快。

(2)游戏过程。

①教师安排:每一列为一组,分为8个组。

②教师先把纸条写好,然后把8个组排头的8名同学叫上讲台,并给他们看纸条内容,看完之后让他们分别归队,附耳把话传给下一位,一直传到每组最后一位同学,请最后一位同学上台写下听到的话。

(3)思考与讨论(2—3分钟)。

①教师提出问题:为什么一句话传来传去就变味了呢?

②学生回答。

学生:可能是听力问题。(听话的人没有认真听别人讲话,没有记住别人说话的内容)

学生:可能是表达能力问题。(传话的人没有说清楚)

学生:可能是理解问题。(带着自己的感情色彩,有意或无意去增减一些信息,再转述出来,让下一个接收者无法接收到原始信息)

教师:第一轮游戏反映的是我们沟通中的第一种方式——单向沟通。它强调的是我们每个人的倾听能力,是对对方的尊重。如A是一个传递者,他把信息单向传递给了B这个倾听者。在这个过程中我看到很多同学都非常努力,就是你们所表现出来的情绪状态都很认真,但是从游戏结果可以发现信息传达情况并不是很好。

教师:在活动中由于事前规定每人只能说一遍,传话只是一种单向的传递方式,不能问,没有交流,所以没办法反馈,也没办法确认自己所听到的、理解的意思和前面同学所传达的内容是否一致。那么怎样才能不传错话呢?

学生:传话时要认真听,记住别人说话的内容,并且口齿清楚地把话传给别人。(听

得准、记得牢、说得清)

③教师总结:通过刚刚的活动可以看出,这种单向交流方式不能反馈信息,很可能会造成误解,因此在人际交往中,真正的有效沟通必然是双向的交流。

(三)总结

请同学们谈谈,在这一节课当中你有什么体会。

七年级 9

远离手机危害
主题班会设计方案

一、教育目标

1. 引导学生认识玩手机的危害。
2. 帮助学生正确使用手机,做到绿色上网。
3. 指导学生树立健康的娱乐观。

二、教育重点

帮助学生自觉远离手机危害。

三、教育过程

(一)引入主题

某日,河北石家庄,一名12岁学生因上网课不积极被家长训斥后,从楼上跳下,经抢救无效身亡。

某日,河北邯郸,一名9岁学生因未完成作业被老师踢出钉钉群,从15楼跳下,经抢救无效身亡。

某日,江苏南通,一名15岁男孩从19楼坠落,经抢救无效身亡。

某日,陕西商洛,一名9年级女孩从3层教学楼跳下,经抢救无效身亡。

某日……

据调查,这些悲剧,绝大部分都和手机相关,学生沉迷手机,沉迷网络游戏,导致性格孤僻,和家长、老师、同学产生矛盾,以极端方式结束生命。

(二)玩手机是如何影响成绩的

玩手机对学习的影响有多大?是如何破坏专注力、如何影响成绩的?

1.影响大脑发育

美国的一位专家,曾对此做过一项专项研究,将沉迷于手机的孩子的大脑与其他孩子的大脑对比,发现沉迷于手机的孩子的大脑看起来就像是萎缩了一般。这种差异产生的原因是,长时间玩手机,感官没有得到充分的刺激,大脑被动地接受手机画面和声音,从而影响了大脑发育。

2.破坏专注力

无法长时间地集中精力,缺少对某个问题深入持久的了解和思考,这似乎已经成了手机操控下的现代人的"通病","专注"状态正变得越来越难得。

手机带来的满足感太容易获得,而一旦你习惯了这种"唾手可得"的满足感,就不愿再去做那些"高投入"的事情了,比如在高度自律的状态下完成作业、思考问题。

3.占用宝贵的时间

某APP创始人在2018年跨年演讲中说:"游戏大佬们制作的王者荣耀让人十分钟就有个兴奋点,而'吃鸡游戏'三分钟就要有一个兴奋点,甚至要追求一分钟一个兴奋点。"说白了就是要让你一玩游戏,就不能停下来,你停下来那就是制作游戏的人的失败。

别人在课下拼命学习,你却在想尽办法不惜熬夜玩手机;别人在课堂上专心听,你却在胡思乱想、打盹闹瞌睡;别人下课或休息或预习,你却兴奋地跟同道中人聊起升级打怪,手痒难耐。这就使得学习时间被大大占据。

4.破坏与周围人的关系

孩子一旦爱玩手机,父母必然恐惧担心,着急上火,或直接干涉,拔网线、砸手机,争吵责骂;或到处寻方找策,一想起来就暗自垂泪,为孩子未来担心。

处在压力之下的学生,不管在手机中获得多少乐趣,一旦面对现实,立马会觉得压力特别大。理想与现实的冲突,自己的意愿与家长、老师的要求的矛盾,使他们处在一个不和谐的关系中。在此情况下,学生不可能有发自内心的快乐,也不可能在被逼学习的高压环境下获得真正的进步。

(三)小结

教师:手机的危害有哪些?

1.短信聊天,影响休息,贻误学业。

2.不良信息,玷污心灵。

3.助长学生攀比之风。

4.额外增加父母负担。

5.手机为考试作弊提供了条件。

6.影响校园治安。

7.手机对人有辐射危害。

(四)严禁中小学生玩手机

1.阅读教育部"五项管理"对学生使用手机的规定。

2.国外的做法：

芬兰:禁止向青少年推销手机。

美国:为学生在校园使用手机立法。

3.我国部分学校的做法：

杭州一中:不准带手机进校。

重庆凤凰湖中学:严禁学生带手机进学校。若有特殊情况,不得不带手机,必须由家长和学生提出申请,经班主任、年级部、德育处批准,方可带入,并在入校后第一时间将手机交老师代管。

七年级 10

寸草春晖报母恩
主题班会设计方案

一、教育目标

1.引导学生认识母爱的伟大,体会母亲的艰辛。
2.教育学生热爱母亲,感恩母亲。
3.引导学生成为有爱心、有担当的新时代好少年。

二、教育重点

教育学生热爱母亲、感恩母亲。

三、教育过程

(一)诠释母亲的深刻含义

M(many):妈妈给了我很多很多。

O(old):妈妈为我操心,白发已爬上了您的头。

T(tears):您为我流过不少泪。

H(heart):您有一颗慈祥温暖的心。

E(eyes):您注视我的目光总是充满着爱。

R(right):您从不欺骗我,教导我去做正确的事情。

(二)说说"鸦有反哺之义"的含义

据说老乌鸦不能自己去找食物的时候,小乌鸦会把吃进去的东西反哺出来,也就是吐出来给老乌鸦吃,来回报老乌鸦的养育之恩,这就是动物长大后反过来"赡养"父母的行为。

体会动物中的母爱:章鱼妈妈一生只生育一次,产下数百至数千个一串串晶莹饱满犹如葡萄似的卵后,便藏匿于自己的洞穴之中。在4—6周的孵化期,章鱼妈妈寸步不离地守护着自己心爱的宝贝,守护着洞穴,不吃也不睡,它倾尽全力驱赶猎食者,并不停地摆动触手抚摸它的宝贝,使洞穴内的水时时得到更新,使未孵化的小宝贝们得到足够的氧气,直到小章鱼孵化出来。而小章鱼孵化的那天,章鱼妈妈也已经精疲力竭了。但章鱼妈妈仍然惦记着小章鱼,生怕它们被其他海洋动物发现。所以,它会拖着十分憔悴的身躯用尽最后一点力气爬出洞穴,尽快离开。往往没游多远便栽倒下去,永远离开了小章鱼。

(三)听小故事,体会母爱

故事一:某一天,在贵州某风景区内,正在运行的缆车突然坠毁,就在缆车坠落的那一刹那间,车厢内来自南宁的一对夫妇,不约而同地使劲将年仅两岁半的儿子高高举起。结果,这名孩子只是嘴唇受了点轻伤,而他的父母却不幸身亡。

故事二:唐山大地震后,人们在清理废墟时,发现一位母亲割破血管用热血哺育怀中的婴儿。

故事三:在汶川地震后,抢救人员发现一位母亲的时候,她已经死了,是被垮下来的房梁压死的,废墟下的她,双膝跪着,整个上身向前匍匐着,双手扶着地支撑着身体,而身体已经被压得变形了。经过一番努力,抢救人员小心地把压着她的废墟清理开,在她的身体下面躺着她的孩子,包在一个红色带黄花的小被子里,大概有3—4个月大,因为母亲身体庇护着,他毫发未伤,他熟睡的脸让所有在场的人感到很温暖。随行的医生过来解开被子准备做些检查,发现有一部手机塞在被子里,屏幕上是一条已经写好的短信:"亲爱的宝贝,如果你能活着,一定要记住我爱你!"看惯了生离死别的医生在这一刻落泪了,手机被传递着,每个看到短信的人都落泪了!

(四)说一说

提示:我为妈妈做了什么?体会到了什么?

……

(五)中华民族精神血液中的感恩

讲述子路的故事,体会子路的孝心。

(六)谈谈你对父母的了解有多少

提示:父母的年龄、生日、鞋码、喜好……

（七）说一说今后你怎么做

……

（八）师生共唱歌曲《天亮了》

天亮了

演唱：韩红
词曲：韩红
编曲：小柯

那是一个秋天

风儿那么缠绵

让我想起他们

那双无助的眼

就在那美丽风景相伴的地方

我听到一声巨响震彻山谷

就是那个秋天

再看不到爸爸的脸

他用他的双肩

托起我重生的起点

黑暗中泪水沾满了双眼

不要离开不要伤害

我看到爸爸妈妈就这么走远

留下我在这陌生的人世间

不知道未来还会有什么风险

我想要紧紧抓住他的手

妈妈告诉我希望还会有

看到太阳出来妈妈笑了

天亮了

这是一个夜晚

天上宿星点点

我在梦里看见

我的妈妈

一个人在世上要学会坚强

你不要离开不要伤害

我看到爸爸妈妈就这么走远

留下我在这陌生的人世间

我愿为他建造一个美丽的花园

我想要紧紧抓住他的手

妈妈告诉我希望还会有

看到太阳出来天亮了

我看到爸爸妈妈就这么走远

留下我在这陌生的人世间

我愿为他建造一个美丽的花园

我想要紧紧抓住他的手

妈妈告诉我希望还会有

看到太阳出来

他们笑了

天亮了

七年级 11

学法知法守法
主题班会设计方案

一、教育目标

1. 指导学生了解基础法律知识。
2. 引导学生认识不良行为的危害。
3. 教育学生遵纪守法。

二、教育重点

教育学生自觉守法,拒绝不良行为。

三、教育过程

(一)引入

教师:同学们知道和我们日常学习生活相关的法律法规有哪些吗?

(二)自我鉴别

下面这些行为在你身上发生过吗?

(1)上学时带手机到学校,有人发短信给我,趁老师不注意赶快回一下。(   )

(2)食堂就餐时,有人插队,我也插队。(   )

(3)同学之间应互相尊重、团结互助、理解包容、真诚相待、正常交往,不以大欺小,不欺侮同学,不戏弄他人,发生矛盾多做自我批评。(   )

(4)课上打瞌睡被纪律委员记名,周五放学邀约外校学生报复纪律委员。(   )

(5)学校发了水果,出校门将果皮随手丢在路边,反正没有人看见。(   )

(6)将宿舍同学的新手机悄悄拿走。(   )

(7)下晚自习,在楼梯口跺脚并猛吼一声。(   )

(8)别人不小心踩到你的脚,你立刻发火,责备其不小心,要求他向你道歉。(   )

(9)考试中有同学传递纸条,我到办公室向老师报告。(　　)

(10)晚上休息时间到了,我才急忙洗漱、洗衣服。(　　)

(11)前面是我们的老师,我们赶紧绕道而行吧,免得跟他打招呼。(　　)

(12)晚自习无聊,找两个同学玩扑克。(　　)

(13)这些作业我不会做,不如拿同桌的来抄抄吧。(　　)

(14)今天迟到了,为了不让班级被扣分,写上其他班级同学的名字。(　　)

(15)小明觉得放假独自在家太闷,便约上好朋友一起去上网。(　　)

(16)小虹到自选商场购物,看见一个装饰物很精致,趁售货员不注意,悄悄拿了放进自己的书包,若无其事地走出商场。(　　)

(17)小可听了税法宣传员的动员,回家后,劝爸爸买东西时记住开发票。他爸爸说:"我们要发票干啥?又不能报销。"小可告诉爸爸:"这是避免商家偷税、漏税的好办法,也是为国家做贡献嘛。"(　　)

(18)小雨随老师、同学们到一旅游胜地游玩。当他见到一棵古树上刻有名字,在好奇心的驱使下,他也拿出小刀在树上刻上自己的大名,然后满意地离开。(　　)

(三)案例分析:不良行为与犯罪的关系

案例:中学生张某原来表现较好,曾多次被评为"三好学生"。后来跟社会上的坏孩子来往,逐渐变得无心学习,经常旷课,有时还偷拿同学东西、打骂同学。学校对其进行多次批评教育,但他不思悔改,跟一些坏孩子到社会上偷窃了少量财物,被公安机关处理。之后他仍不接受教训,一天晚上,他趁李大娘的儿子出差未归,持刀爬进李大娘家企图盗窃财物,被发现后张某把李大娘打昏在地,偷走了现金一千元,经人民法院审理,受到应有的惩罚。

思考:

(1)张某哪些行为属于违反校纪的行为?

(2)张某哪些行为属于一般性违法行为?

(3)张某哪些行为属于犯罪行为?

(4)张某由好变坏,最后走上犯罪道路的过程说明了什么?

(5)我们应从中吸取什么教训?

(四)列举青少年的不良行为

1.旷课、夜不归宿、抽烟、喝酒。

2.携带管制刀具。

3.打架斗殴、辱骂他人。

4.强行向他人索要财物。

5.贪图小便宜,偷窃、故意毁坏财物。

6.参与赌博或者变相赌博。

7.观看淫秽的影片等。

8.进入法律、法规规定未成年人不适宜进入的营业性歌舞厅等场所。

9.沉迷游戏。

10.其他严重违背社会公德的不良行为。

(五)分析未成年人犯罪的诱因:自身、学校、家庭三个方面

……

(六)讨论:如何自我预防违法犯罪

面对校园霸凌事件,我们应该怎么做?

当自己遭遇恶霸欺负或见到有人被欺负时,不要害怕,保持冷静,勇敢地向坏人说"不",机智地拒绝侵害、反抗侵害。反之,如果一味忍让,只能助长坏人的气焰,导致自己受伤害。

(七)总结

同学们处在非常重要的人生阶段,大家一定要认识到犯罪行为都是小的不良行为发展的恶果,我们要学法、知法、守法,远离犯罪。

七年级 12

学守则讲规范

主题班会设计方案

一、教育目标

1. 学习《中学生守则》，教育学生树立规则意识。
2. 引导学生辨别自身行为是否符合规范。
3. 促进学生养成良好行为习惯。

二、教育重点

引导学生行为规范，健康成长。

三、教育过程

(一)学习《中小学生守则》，培养优秀品质

1. 爱党爱国爱人民。了解党史国情，珍视国家荣誉，热爱祖国，热爱人民，热爱中国共产党。
2. 好学多问肯钻研。上课专心听讲，积极发表见解，乐于科学探索，养成阅读习惯。
3. 勤劳笃行乐奉献。自己事自己做，主动分担家务，参与劳动实践，热心志愿服务。
4. 明礼守法讲美德。遵守国法校纪，自觉礼让排队，保持公共卫生，爱护公共财物。
5. 孝亲尊师善待人。孝父母敬师长，爱集体助同学，虚心接受批评，学会合作共处。
6. 诚实守信有担当。保持言行一致，不说谎不作弊，借东西及时还，做到知错就改。
7. 自强自律健身心。坚持锻炼身体，乐观开朗向上，不吸烟不喝酒，文明绿色上网。
8. 珍爱生命保安全。红灯停绿灯行，防溺水不玩火，会自护懂求救，坚决远离毒品。
9. 勤俭节约护家园。不比吃喝穿戴，爱惜花草树木，节粮节水节电，低碳环保生活。

(二)分组完成

分小组讨论，并举例说明，如何遵守《中小学生守则》，每个小组派1名同学汇报交流。

（三）对照检查

对照《中小学生守则》，找出自己存在的不足，每位同学至少找出3点。

（四）互助共进

老师准备好盒子，盒子里装有写上全部学生名字的纸条。每次抽取一张纸条，抽取人对纸条上的学生说出自己在落实《中小学生守则》时存在的问题和不足，并提出改进建议。

（五）拓展

快板朗诵：《我们从小讲规范》。
说千条，道万条，讲规范是第一条；
千件宝，万件宝，不如规范价更高；
规范是颗水晶石，遵守规范心灵美；
规范是盏红绿灯，人生道路它引导；
中学生们守规范，思想品德往上跳；
成年人们守规范，世界变得更美好；
规范从我来做起，小事体现新风貌；
我们从小讲规范，精心培育规范苗；
明日长成参天树，规范花香四季飘。

（六）案例分析

某天，12岁的吴兵（化名）在上学之前偷偷地溜进了厕所。当厕所的门打开时，妈妈闻到了浓烈的烟味，开始不断斥责吴兵："说你多少次了，为什么就改不了？"吴兵恶狠狠地看着母亲，然后不屑地说："你到底有完没完？"妈妈非常生气，揍了吴兵一顿。吴兵终于爆发了，从厨房中拿出一把菜刀，砍了母亲20余刀，母亲当场身亡。

事发之后，他一点都不慌张，甚至用妈妈的手机给老师发了请假的信息。然后，又若无其事地跑到爷爷家去吃饭。

下午，爷爷带着他返家，发现儿媳躺在血泊之中。爷爷果断地报了警，可惜最后的结果却让他不寒而栗。而杀害母亲的原因，只是吴兵在家中抽烟，被母亲发现后用皮带抽打他，吴兵不满母亲管教太严，便心生怨恨。

警察问吴兵："为什么要抽烟？"

他很淡定地回答："我们班的几个同学也抽。"

警察又问:"为什么要杀妈妈。"

吴兵说:"因为妈妈不好。"

"那你错了没有?"警察问。

"我杀的不是别人,我杀的是我妈妈。"吴兵不屑地说。

面对这样的孩子,警察感到无言以对,吴兵这种冷漠的态度,以及血腥的行为,却让周围的人不寒而栗。在吴兵看来,妈妈对自己的管教,是不对的,不对就该死,杀了她也不后悔。在吴兵看来,同学可以吸烟,我为什么不能吸烟?吸烟有什么不对?

(七)学习倡议书《倡导规范、告别陋习,人人争做规范中学生》

1. 倡导文明礼貌用语,反对讲脏话。
2. 倡导讲卫生。
3. 倡导文明休息,反对追逐打闹、无故喧哗。
4. 倡导注重个人仪表,男生不留长发,女生不穿高跟鞋,不佩戴首饰,不穿奇装异服。
5. 倡导上课专心听讲,按时完成作业。
6. 倡导养成良好卫生习惯,反对随地吐痰,乱扔废弃物。
7. 倡导爱校护校,维护学校声誉,反对歪曲学校形象。
8. 倡导同学间友好相处,互相帮助,反对破坏团结。

(八)总结

初中是同学们养成好习惯的关键时期,希望同学们从我做起,从小事做起,守规则,讲规范,立志进取,健康成长。

七年级 13

换位思考，共建美好
主题班会设计方案

一、设计理念

本班会运用"注意的选择性"的特点，让学生体验到个体想法是有差异的，了解换位思考在人际交往中的重要意义，学会设身处地地站在他人的角度思考问题，建立相互理解的良好人际关系。

二、教育目标

1. 知识与技能目标：初步了解换位思考的积极性与必要性。

2. 过程与方法目标：通过自主探索和心理剧来了解换位思考的重要性，并学会站在他人的角度看问题。

3. 情感与价值观目标：体会换位思考前后带来的不同的情绪感受，学会换个角度看问题，宽容对待他人，在人际交往中能够多一些理解。

三、教育重、难点

重点：通过学生自主探索来体会换位思考的意义。

难点：激发学生换位思考的自主性与能动性。

四、教育过程

（一）热身游戏

活动：热身游戏。

1. PPT上会出现一些形状、字母、汉字。

2. 你们只能用手摆出这些形状，看哪些同学摆得又快又好。

教师：请同学们想一想换位思考到底是什么意思呢？

换位思考,即从不同角度思考问题,从人际关系角度来说,就是设身处地地站在别人的角度思考问题,体验别人的情感。

(通过热身活动,活跃课堂气氛,调动活动积极性。通过初步体验换位思考,引发学生的反思,由此导入主题。)

(二)森林探险

活动:森林探险。

你和5个小伙伴(它们分别是老虎、猴子、孔雀、大象和狗)到一个从未去过的原始森林探险。随着探索路程的增加,四周的环境越来越危险,而你所带的物资越来越少,要安全走出森林,不得不一一丢弃这些动物,最后只能保留一个动物陪你走出原始森林。

活动要求:请你按照自己的意愿在表格中填写舍弃动物的顺序及理由。

小结:其实这个游戏没有标准答案。每个同学都能从自己的角度去思考丢弃的理由,从而做出选择。所以丢弃的理由、顺序不尽相同。正因为我们都有自己的个性,所以在发生矛盾冲突的时候需要换个角度想一下? 那么怎么换呢?

(通过学生自由发言,以及切身感受,认识到每个人都是独立的个体,都有自己的看法和立场。)

(三)小剧场

通过小剧场的情景再现,让学生体会站在自己的角度和站在他人位置看问题是有区别的,并初步理解换位思考是保持良好人际关系的有效方法。

场景一:篮球风波

背景旁白:小倩路过操场,突然被小东的篮球砸中了。

小倩:你没长眼睛呀!

小东:你才没长眼睛呢! 大路不走,被砸到活该,关我什么事!

换位后:

小东:对不起,对不起,你哪里受伤了,要紧吗? 是不是很痛啊?

小倩:没关系,休息一下应该就好了。

场景二:考试风云

背景旁白:月考成绩下来了。

小丽:哈哈,我考了95分,我简直就是天才啊! 这次这么简单,你怎么才考60分啊? (戳鼻,得意)

小西:关你什么事!(低头失落,把试卷藏起来)

换位后：

小西(看到自己的试卷后)：哎……

小丽(看完自己的试卷,开心地笑了一下,然后转身看到小西的试卷)：没关系的,这只是一次月考,又不是期末考试,好好分析原因,下次肯定能考更好的,加油加油！

(四)想一想

通过回想自己与家人、老师、同学之间发生的冲突矛盾,结合小剧场体会换位思考的内涵,给自己"把脉开药"。

活动：给自己把把脉。

1.学生闭目回想自己最近与家人、老师、同学之间的一次矛盾、冲突。(音乐)

2.按照如下要求写一写：时间,地点,人物,事件经过。

当时我是这样想的……

"换位思考"后我想……

(五)换一换

活动：换位思考三部曲。

第一步：如果我是他,我需要的是……

第二步：如果我是他,我不希望……

第三步：如果我是他,我的做法是……

根据第一到第三步的方法分别通过练习来强化同学们对换位思考的认识。

五、总结

希望同学们能够通过今天的班会学会换位思考,并运用到生活中去,以理解与我们朝夕相处的父母、老师和同学。

七年级 14

彼此尊重，共建美好
主题班会设计方案

一、设计背景

七年级学生处于青春期，自我意识增强，和同学相处容易产生矛盾。

二、教育目标

1. 让学生通过自己的发言与班会的活动，树立彼此尊重的美德，构建和谐美好的班级。
2. 能够用行动诠释对自己、对同学、对老师、对亲人的尊重。

三、教育过程

（一）七嘴八舌说尊重

尊重是一种态度，它将影响我们的人生；尊重是一种品格，它将给予他人以温暖；尊重是一种习惯，它让我们的生活更加温馨。尊重是一种美德，被人尊重则是一种幸福，因为尊重才会有这个多彩的世界。

（二）情景现生活，你我懂尊重

小游戏：照镜子。

游戏规则：一个同学做出各种动作，另一个同学进行模仿。模仿最好的一组获得小奖品。

教师：看完了表演，请同学们来说说你有什么想法呢？

（学生发言）

教师：想赢得他人的尊重，我们首先一定要尊重他人，这就是古人说的"己所不欲，勿施于人"。

(三)卡片留真情,你我在行动

尊重是同学们和谐相处的基本准则,观看小品《课前几分钟》。

人物:教师、学生A、学生B、学生C(班长)、学生D、学生E。

A:B,今天第一节上什么课?

B:啊——? 我不知道,好像是上语文课吧!

C:准备上课,请不要讲话。

A(当没听见):语文课? 咱们的语文老师不是病了吗? 谁来给我们上课?

C:请不要讲话!

B:别说了,班长都提醒我们两遍了!

A(满不在乎):管他呢! 他不让说,我偏说,他能怎么着!

C:请不要讲话!

B(紧张):已经3遍了,别再说了,万一被扣分就不好了!

C(到A面前,略生气):说你们3遍了,听不见吗? 注意一下,下一次我就要记名字了,别再说了,这样对你们没什么好处!(说完回到座位上)

A(白他一眼,着急地):快点说,是谁给我们代上语文课?

B:噢,是张老师,就是那个全校出了名的严师!

A(抱怨):什么,他——,天哪,好悲催!

B(笑着):这是什么词啊!

D:请不要讲话,请不要离开座位。

A(无所谓):别管他,咱们聊咱们的。

B(担心):别给我们记了名!

A:你觉得什么游戏好玩啊,我最近正在玩"愤怒的小鸟"。

C(走到A身边):说什么说,说什么说,我提醒你几遍了,你没长耳朵啊?

A:神气什么,不就是个班长吗? 再说了,你身为班长,还带头骂人,你算个啥啊! 你真是我的"偶像"!(边说边做呕吐状)

D:别吵了,都是同学,你们在吵什么?

A(不满):你问他,亏他还是班长!

D:问他? 来,你也过来!(E上场。)

E(对大家讲):行,你说,你们在吵什么啊?

C:我先来吧! 他们俩一到学校就开始讲话,我提醒了几遍,都没住嘴,真是气死我了!

A:你还没死呢! B,你还是我好朋友呢? 你也不帮我说句话,光在那站着!

B:话可不能这么说,有句话说得好:"哥们儿义气不要讲,团结友爱要提倡。"

D:我提醒了他一遍,他没听,就这样了!

E:"退一步,海阔天空!"互相退一步,不就行了吗?

A(不服气):那他也不能骂我啊!

教师:那你对班长礼貌吗?你尊重他吗?

A:怎么不尊重啊?

教师:班长提醒你,你听了吗?你尊重他的工作吗?

E:对呀,他容易吗?全班50多名学生,如果个个像你这样,他难道真的那么轻松吗?

C:我一点也不容易啊!

(A挠挠头,沉默)

教师:你只有尊重他们,他们才能尊重你,尊重别人也是尊重你呀!

A(向C、D):对不起,我以后一定遵守学校规定,做到讲文明讲礼貌!

教师(向E招招手):你过来,你提醒他们的时候,你讲礼貌了吗?没有吧?

E:嘻嘻!

教师:下次一定注意啦!

E(向A):对不起,我也不应该那样,我以后一定会以身作则!

C:咱们交个朋友吧!

齐:好啊!

教师:同学们,你与同学相处时,是否也有伤害别人或被别人伤害的言行呢?

学生:讨论交流、发言。

教师:请在你的心语卡上写下自己的心里话,送给一位同学吧!

背景音乐:《第一时间》

让我们大家动起手来,制订我们班级的尊重细则吧!(卡片摆造型,同学大声朗读、宣誓。)

(四)总结

尊重他人,即是尊重自己。希望我们同学之间,用爱心对待彼此,相互尊重,让我们越来越和谐!

七年级 15

守纪是学习的前提

主题班会设计方案

一、教育目标

1. 教育学生认识到班级纪律的重要性。
2. 教育学生自觉遵守班级纪律。
3. 教育学生文明进取。

二、教育重点

教育学生自觉遵守班级纪律。

三、教育过程

（一）引入

外国媒体高度赞扬中国国庆盛典，尤其是人民解放军徒步方队，他们的整齐、威武，让世界看到了一个大国的风范，是什么保证了他们完成任务？

（二）介绍纪律的含义

纪律有三种基本含义：纪律是指惩罚；纪律是一种手段，即通过外来约束来达到纠正错误行为的目的；纪律是指对自身行为起作用的内在约束力。

（三）分析生物现象中的纪律

大雁排成"一"字形或"人"字形，从南方飞向北方，又从北方飞回南方。
大雁给班级的启示：
一个班级，比别的班更规范一些，更遵守纪律一些，共同面对学习中遇到的挫折，一起完成班级各项任务，树立良好班级形象，就会在文化学习与活动比赛中愈战愈勇、所向披靡，每位同学都会获得更快的成长。

(四)名言话纪律

人们都说军队是最具有力量的地方,这并不是因为他们有枪有炮,最根本的一条是因为他们有铁的纪律,而且对违反纪律的人决不姑息。

有人说:"一个不遵守纪律的民族,必定是一个没有自由的民族,一所不遵守纪律的学校,到最后只能是一所最没有自由、最没有生机的学校。"

纪律是自由的先决条件。

(五)遵守纪律的意义

有纪律,才有真正的自由,或者说纪律是自由的保证。对于学生而言,纪律是学习的保证,也是安全的保证。

(六)守纪的故事

有一家大公司要招聘总经理助理,年薪40万元。经过多轮筛选淘汰,最后还留下了20个候选人。这20个人个个才华出众、能力超群。这天上午,20个人来到总经理办公室等待面试。但面试时间早已经过去了,总经理还没到。刚开始,他们都静静地坐着,等待总经理到来。10分钟后,有些人坐不住了;15分钟后,有人开始站起来,翻看别人放在总经理办公桌上的应聘材料;30分钟后,几乎所有人都在翻看别人的应聘材料,并相互表示祝贺。只有一个应聘者还静静地坐在那里,等待总经理的面试。40分钟后,总经理终于来了,他说:"你们这20个人确实都非常优秀,但只有一个人具有不随便翻看别人东西的好习惯,他就是今天的获胜者,未来的总经理助理。"

(七)围绕纪律谈班级里的不良现象

有些同学上课时讲话、堵教室门、出校门就乱扔垃圾、私藏手机打游戏、故意往运动场LED显示屏扔石子、找同学抄作业、晚自习不看书、在前排同学校服上乱涂乱画……

(八)我们应该遵守的班级纪律

1.上课预备铃响后,要立即有秩序地进入教室,安静坐好,准备上课。
2.上课积极回答问题,自习课不讨论问题、不睡觉、不迟到。
3.课间不追跑打闹,不大声喧哗。
4.认真做好老师交给自己的工作。
5.认真做好班级的卫生。

6.午休和晚上熄灯后不说话,不影响他人休息和学习。

7.不抽烟,不打架,与同学和睦相处。

(九)总结

让我们共同遵守纪律,刻苦学习,与班级共同进步,打造属于我们的卓越之班!

七年级 16

严于律己，共筑和谐
主题班会设计方案

一、设计背景

初中一年级是学生由小学到中学的过渡时期，此时学生的身心发展、学习方法、人际关系等方面都发生着显著变化。在这一阶段，培养学生的纪律意识和自律能力尤为重要。因此，本次班会课以"严于律己，共筑和谐"为主题，旨在通过一系列活动，引导学生认识到纪律的重要性，学会自我管理，形成良好的班风和学风。

二、教育目标

1.让学生理解纪律的内涵和意义，认识到纪律在学习和生活中的重要性。
2.通过案例分析、小组讨论等形式，引导学生分析自身在纪律方面存在的问题，提出改进措施。
3.培养学生的自律意识和自我管理能力，形成良好的行为习惯。
4.促进班级内部的团结和谐，营造积极向上的学习氛围。

三、教育重点

培养学生的自律意识和自我管理能力，形成良好的行为习惯。

四、教育过程

（一）班会准备

教师准备：收集相关纪律教育材料，设计班会活动流程，制作PPT等。
学生准备：收集身边的纪律故事或案例，准备小组讨论发言稿等。
场地准备：确保班会场地整洁、有序，布置相关主题的海报或展板。

(二)开场白

以升旗仪式上某班学生随意讲话被校长点名批评引出本次主题班会,然后教师简要介绍本次班会的主题和目的,引导学生进入班会氛围。

(三)纪律故事分享

邀请几位学生分享身边的纪律故事或案例,可以是正面的遵守纪律的例子,也可以是反面的例子。

(四)案例分析

案例:一天中午,老师正准备去宿舍查考勤,突然被宿舍值班老师告知小彬带了方便面,并和小杰一起吃了,这违反了学校相关规定,要进行扣分及思想教育。

教师选取以上典型的纪律案例,引导学生进行分析。通过案例分析,让学生认识到纪律的重要性,学会遵守纪律。

(五)小组讨论

学生分成若干小组,围绕"我在纪律方面做得如何""如何改进自己在纪律方面的问题"等进行讨论,每组选出一名代表汇报讨论结果。

(六)制订班级纪律公约

全班学生共同参与制订班级纪律公约,明确在学习、生活、活动等方面的纪律要求。公约制订后,每个学生都要签名承诺遵守。

(七)宣誓仪式

全班学生起立,举行宣誓仪式。学生庄严宣誓:"我将严于律己,遵守纪律,为班级荣誉而努力!"通过宣誓仪式,增强学生对纪律的认同感和责任感。

(八)教师总结

教师对本次班会进行总结,强调纪律的重要性,鼓励学生在日常生活中做到自律自强,同时,对学生在班会中的表现给予肯定和鼓励。

（九）班会结束

教师宣布班会结束，提醒学生将班会精神落实到日常学习和生活中。全班学生鼓掌庆祝本次班会圆满结束。

五、班会效果评估

1. 通过观察学生在班会后的行为表现，评估他们在纪律方面的改进情况。
2. 定期收集学生和家长的反馈意见，了解班会在纪律教育方面的效果。
3. 在学期末进行总结评估，分析本次班会在纪律教育方面的成效和不足，为今后改进提供意见。

六、班会后续跟进

1. 定期开展纪律主题班会，持续强化学生的纪律意识。
2. 设立班级纪律监督小组，负责监督班级纪律的执行情况，并及时向教师反馈。
3. 结合学校的纪律要求和课程安排，开展丰富多彩的纪律教育活动，如纪律知识竞赛、纪律宣传周等。

七、总结

本次"严于律己，共筑和谐"主题班会课的设计与实施，旨在通过一系列活动，引导学生认识到纪律的重要性，学会自我管理，形成良好的班风和学风。通过班会活动，不仅提高了学生的纪律意识，也促进了班级内部的团结和谐，为学生的学习和生活创造了良好的环境。同时，也为今后的纪律教育奠定了坚实的基础。

七年级 17

珍惜时光,绿色上网
主题班会设计方案

一、设计背景

在数字化时代的浪潮下,互联网已成为初中生学习、娱乐、社交的重要平台。然而,随着网络的普及也出现了一系列问题,如沉迷网络、不良信息泛滥等。因此,引导学生珍惜青春时光,合理使用网络,成为当下教育工作的一项重要任务。本次班会课以"珍惜时光,绿色上网"为主题,旨在通过一系列活动,让学生认识到时间的宝贵,学会合理安排时间,并养成良好的上网习惯。

二、教育目标

1. 让学生认识到时间的宝贵,学会珍惜和利用时间。
2. 引导学生理解绿色上网的内涵,掌握健康上网的方法和技巧。
3. 通过案例分析、小组讨论等形式,让学生认识到沉迷网络的危害,增强自我保护意识。

三、教育重点

引导学生理解绿色上网的内涵,掌握健康上网的方法和技巧。

四、教育过程

(一)班会准备

教师准备:收集相关时间管理和绿色上网的资料,设计班会活动流程,制作PPT等。
学生准备:收集身边的时间管理或绿色上网的案例,准备小组讨论的发言稿等。
场地准备:确保班会场地整洁、有序,布置相关主题的海报或展板。

(二)开场白

教师简要介绍本次班会的主题和目的,引导学生进入班会氛围。通过引用名言警句或讲述相关故事,学生能认识到时间的宝贵性和不可再生性。

(三)视频讲座

观看专业人士讲解时间管理的方法和技巧的视频。通过实例分析和互动问答,让学生能了解如何合理安排时间、提高学习效率。

(四)绿色上网分享

邀请几位学生分享自己的绿色上网经验或案例,例如,如何筛选健康网站、控制上网时间等。通过同龄人间的分享,学生更容易掌握绿色上网的方法。

(五)案例分析

教师选取几个典型的沉迷网络或不良上网行为的案例,引导学生进行分析。通过案例分析,让学生认识到沉迷网络和不良上网行为的危害,增强学生的自我保护意识。

(六)小组讨论

学生分成若干小组,围绕"我在时间管理和绿色上网方面做得如何""如何改正自己在时间管理和绿色上网方面存在的问题"等进行讨论。每组选出一名代表汇报讨论成果。

(七)宣誓仪式

全班学生起立进行宣誓,学生庄严宣誓:"我将珍惜时光,合理安排时间,绿色上网,远离不良信息,为我的未来而努力!"通过宣誓仪式,增强学生对加强时间管理和自觉绿色上网的认同感和责任感。

(八)教师总结

教师对本次班会进行总结,强调加强时间管理和自觉绿色上网的重要性,鼓励学生在日常生活中积极实践并持之以恒,同时,对学生在班会中的表现给予肯定和鼓励。

五、班会效果评估

1.通过观察学生在班会后的行为表现,评估他们在时间管理和绿色上网方面的改进情况。

2.定期收集学生和家长的反馈意见,了解班会在时间管理和绿色上网教育方面的效果。

3.在学期末进行总结评估,分析本次班会在时间管理和绿色上网教育方面的成效和不足,为今后的班会课提供改进方向。

六、班会后续跟进

1.定期开展以时间管理和绿色上网为主题的班会或活动,持续强化学生的相关意识和能力。

2.设立班级时间管理和绿色上网监督小组,负责监督班级同学在这方面的执行情况,并及时向教师反馈。

3.结合学校的德育课程和社会实践活动,开展与时间管理和绿色上网相关的教育活动和实践项目。

七年级 18

生命在于运动
主题班会设计方案

一、设计背景

对于初中生来说,他们正处于身体发育的关键时期,运动不仅有助于增强体质,还能促进心理健康。然而,现实中许多初中生由于学业压力、生活习惯等原因,忽视了运动,导致身体素质下降,甚至出现健康问题。因此,本次班会课以"生命在于运动"为主题,旨在引导学生认识到运动的重要性,激发运动兴趣,培养运动习惯,为他们的健康成长打下坚实基础。

二、教育目标

1. 让学生认识到运动对身体健康、心理健康的重要性,树立正确的运动观念。
2. 引导学生了解不同年龄段的身体发育特点,掌握适合自己的运动方式和运动量。
3. 通过案例分析、互动体验等形式,让学生感受到运动的乐趣,激发运动兴趣。
4. 培养学生的运动习惯和自我管理能力,形成健康的生活方式。

三、教育重点

引导学生了解不同年龄段的身体发育特点,掌握适合自己的运动方式和运动量。

四、教育过程

(一)班会准备

教师准备:收集关于运动与身体健康、心理健康的相关资料,设计班会活动流程,准备相关运动器材。

学生准备:了解自己的身体状况和运动习惯,分享自己的运动经历和感受。

场地准备:确保班会活动场地宽敞、安全,布置相关的装饰物营造运动氛围。

(二)开场白

教师简要介绍本次班会的主题和目的,引导学生进入班会氛围。通过引用名人名言或讲述相关故事,让学生认识到运动对生命的重要性。

(三)运动分享会

邀请几位热爱运动的学生分享自己的运动经历、感受以及运动带来的变化。通过同龄人的分享,学生更容易产生共鸣,激发运动兴趣。

(四)运动体验环节

组织学生进行一系列有趣的运动体验活动,如跳绳、打篮球、做瑜伽等。让学生在亲身体验中感受到运动的乐趣,培养运动兴趣。同时,教师根据学生的身体状况和运动能力,给予适当的指导和建议。

(五)小组讨论

学生分成若干小组,围绕"我要如何合理安排运动时间""运动对我的生活有哪些积极影响"等问题进行讨论。每组选出一名代表汇报讨论成果。通过小组讨论,学生能更深入地认识到运动的重要性,并探讨如何在日常生活中合理安排运动时间。

(六)制订个人运动计划

学生根据自己的身体状况、兴趣爱好和时间安排,制订个人运动计划。计划包括运动的时间、项目、频率等。制订完计划后,学生互相交流并互相鼓励,共同为运动目标努力。

(七)宣誓仪式

全班学生起立进行宣誓。学生庄严宣誓:"我将珍惜生命,积极参与运动,提高身体素质,为我的未来奠定坚实基础!"通过宣誓仪式,增强学生对运动的认同感和责任感。

(八)教师总结

教师对本次班会进行总结,强调运动对身体健康、心理健康和全面发展的重要性,鼓励学生在日常生活中积极践行运动计划,培养运动习惯和自我管理能力,同时,对学生在班会中的表现给予肯定和鼓励。

五、班会效果评估

1.观察学生在班会后的行为表现,评估他们在日常生活中的运动习惯和自我管理能力是否有所改善。

2.定期收集学生和家长的反馈意见,了解班会在运动教育方面的效果。

3.在学期末进行总结评估,分析本次班会在引导学生认识运动重要性、激发运动兴趣、培养运动习惯等方面的成效和不足,为今后的班会课提供改进方向。

六、班会后续跟进

1.定期开展以运动为主题的班会或活动,持续强化学生的运动意识和能力。

2.设立班级运动监督小组,负责监督班级同学的运动情况,并及时向教师反馈。

3.结合学校的体育课程和体育活动,开展多样化的运动项目和比赛,激发学生的运动热情。

七、总结

本次"生命在于运动"主题班会课的设计与实施,旨在引导学生认识到运动的重要性,激发运动兴趣,培养运动习惯。班会课的开展,不仅提高了学生的身体素质和心理健康水平,还促进了班级内部的团结和谐,同时,也为今后的运动教育工作提供了有益的借鉴和参考。

让我们共同努力,让运动成为我们生活的一部分,为我们的健康成长和全面发展贡献力量。

七年级 19

在挫折中成长
主题班会教育设计方案

一、教育目标

1. 引导学生认识遭遇挫折是成长中不可避免的事情。
2. 教育学生正确对待挫折的方法。
3. 教育学生在挫折中成长。

二、教育重点

教育学生正确认识和对待挫折。

三、教育过程

（一）认识挫折

你认为什么才称得上是挫折呢？所谓的挫折，就是俗语说的"碰钉子"。

挫折是指人在从事有目的的活动中遇到的失利、失败和阻碍以及由此产生的紧张、消极、烦躁、伤心、沮丧等心理反应。

事例一：德国天文学家开普勒，从童年开始便多灾多难，在母腹中只待了七个月就早早来到了人间。后来，他又患上了天花，使他的视力开始衰退。但他凭着顽强、坚毅的品德发愤读书，学习成绩遥遥领先于他的同伴。后来因父亲欠债使他失去了读书的机会，他就边自学边研究天文学。在以后的生活中，他又经历了多病、良师去世、妻子去世等一连串的打击，但他仍未停下对天文学的研究，终于在1609年和1619年先后发表了行星运行的定律，后世称之为"开普勒三大定律"。

事例二：我国开展航天研究的时间比较晚，但是所取得的突破却远远地超过了其他国家。取得了这么好的成绩并不代表我国在发展的过程中就没有遇到任何问题，我国也会遇到失败。2020年，我国在航天领域中取得了很多令人瞩目的成就，但是失败率却创下新高。在2020年进行的30多次火箭发射任务中,成功率不到90%。但由于坚持"航天精神",中国航天人不懈奋斗,随着"神舟五号"和"神舟六号"的成功发射,中国成为了世界上第三个有能力自主完成载人航天飞行的国家。

(二)面对挫折

1.看看袁隆平怎样面对挫折。

在研究杂交水稻的许多个春秋里,袁隆平经历了一次又一次的失败,熬过了一次又一次的挫折,经受了一次又一次的打击。有些时候几乎断送了他的全部实验成果。

有一次,他所有搞试验的坛坛钵钵都被坏人砸烂。稻苗与湿泥、污水搅拌成一团。面对着这种惨状,他痛哭流涕:完了,完了,彻底完了……

夜色深沉,万籁俱寂。袁隆平痛苦不堪,躺在床上辗转反侧,无法入睡。"笃!笃!笃!"突然有人敲门。

袁隆平连鞋都来不及穿,赶快开门。进来的是他的助手李必湖和尹华奇。

"你们半夜来找我,有什么事吗?"袁隆平惊问。

李必湖说:"老师,我们知道要出事,事先藏了四钵稻苗呢!"

"啊,藏在哪里?"袁隆平喜出望外。

尹华奇说:"在水沟里。"

"快走,带我去看看。"

夜色下,袁隆平捧着劫后余生的四钵稻苗又悲又喜。

从那以后,不论是晨曦初露,还是日落黄昏;不论是骄阳似火,还是阴雨霏霏,袁隆平都时刻守护在试验田边,精心培育。

命运,总是朝敢于向他挑战的人微笑。经过百劫千难,最后的成功,属于不懈的追求者。1975年,袁隆平科研小组培育的一批早熟高产稻破土而出。

2.想想自己遇到过哪些挫折呢? 和同学一起交流交流吧。

3.解读常见心理挫折。

4.写写自己的挫折经历:大家都遭遇过挫折,请把经历写在"内心独白卡"上,组长分类后再交给老师。

(三)在挫折中成长

1.挫折不可避免,每个人都会遇到挫折。

2.读懂挫折的美丽,世界上的事情不是绝对的,结果完全因人而异,苦难对于天才是一块垫脚石,对于能干的人是一笔财富,对于弱者是一个万丈深渊。曼德拉曾被关押

27年,受尽虐待。他就任南非总统时,邀请了三名曾虐待过他的看守到会场。当曼德拉起身恭敬地向看守致敬时,在场所有人乃至整个世界都静了下来。他说:"当我走出囚室,迈过监狱大门时,我已经清楚,自己若不能把悲痛与怨恨留在身后,那么我其实仍在狱中。"

(四)总结

朗读:《阳光总在风雨后》(略)

七年级 20

我爱读书,我会读书
主题班会设计方案

一、教育目标

1. 激发学生读书兴趣。
2. 教给学生读书方法。
3. 指导学生选择有益读物。

二、教育重点

培养学生良好的阅读习惯。

三、教育过程

（一）认识读书的意义

1.在名言中领悟

读书是为了遇见更好的自己是塑造我们的精神长相,让我们视野更开阔些,以更好的视角来诠释这个世界。——杨绛

2.在故事中思考

名人读书的故事一:鲁迅嚼辣椒驱寒

鲁迅先生从小认真学习。少年时,在江南水师学堂读书,第一学期成绩优异,学校奖给他一枚金质奖章。他立即拿到南京鼓楼街头卖掉,然后买了几本书,又买了一串红辣椒。

每当冬夜天气寒冷时,他便摘下一只辣椒,放在嘴里嚼,直辣得额头冒汗。他用这种办法驱寒,坚持读书,不断努力,终于成为我国著名的文学家。

名人读书的故事二:闻一多"醉书"

闻一多读书成瘾,一看书就"醉",就在他结婚的那天,家里张灯结彩,热闹非凡。一大清早亲朋好友都来登门贺喜,直到新娘子坐的花轿快到家时,人们还找不到新郎,急

得大家东寻西找,结果在书房里找到了他。此时他仍穿着旧袍,手里捧着一本书看入了迷。家人都说他不能看书,一看就要"醉"。

名人读书的故事三:侯宝林抄书

相声大师侯宝林只上过三年小学,但由于他勤奋好学,后来他的艺术水平达到了炉火纯青的程度,成为有名的表演艺术家。有一次,他为了买到自己想买的一部明代笑话书,跑遍了北京城所有的旧书摊也未能如愿。后来,他得知北京图书馆有这部书,但书是孤本,于是他决定把书抄回来。时值冬日,他顶着狂风,冒着大雪,一连18天都跑到图书馆里抄书,一部十多万字的书,终于被他抄录到手。

(二)同学们读书现状分析

1. 阅读的单一性。
2. 阅读的盲目性。
3. 阅读的肤浅性。
4. 阅读的依赖性。

(三)如何读书

策略之一:定向阅读。
策略之二:选择阅读。
策略之三:时间巧安排。
策略之四:自我增强。

(四)阅读文章

读书的意义

刘远平

老祖宗以"蒙以养正"告诉我们从小就要施以正确的教育,犹太人的教育方式揭示了何谓正确的教育。从古至今,热爱读书是一个人成长成才的黄金定律。

读书知味。据说,在每一个犹太人家庭里,孩子出生不久,妈妈就会读《圣经》给他听。每读一段,就让孩子舔一下蜂蜜。当孩子3岁时,每个犹太家庭都要举行一个庄重仪式,妈妈在《圣经》上滴几滴蜂蜜,让孩子伸出舌头去舔,孩子就感受到书是甜的。因此,犹太人就会像舔蜜一般地读书,每人年均读书达到数十本。读书的味道就是成功的味道。

读书悟道。海伦·凯勒小时候突患重病成盲聋哑人。但她没有向命运屈服,在安妮·莎莉文老师的帮助下艰难读书,每天用三个小时自学,用两个小时默记所学的知识,再用一个小时的时间将所学的知识默写下来,剩下的时间她运用学过的知识练习写作。长久的坚持,掌握了读书的方法,出版了《假如给我三天光明》等十余部著作。

读书励志。汉代孙敬读书非常勤奋,从早上晨曦微露一直读到皓月东升,读倦了想打盹时,他就拿一根绳子系在自己头发上,绳子另一端挂在屋梁上,这样让自己无法打瞌睡。凭着这股韧劲,孙敬终于成为大学者。

读书医愚。据说爱因斯坦两岁多还不会讲话,大家都称他"笨家伙"。在讥讽和侮辱中,他在书籍中寻找寄托,汲取精神养分。他如痴如醉地读,终于获得了杰出的成就,创立狭义了相对论与广义相对论,成为"世纪伟人"。

(五)总结

希望书籍成为同学们的朋友,不断去感受读书带来的乐趣,越来越爱读书,书越读越好!

七年级 21

正视自己,改变自己
主题班会设计方案

一、教育目标

1.引导学生认识自己的优点和长处,增强信心。
2.指导学生解剖自己的问题与不足,及时改变自己。
3.教育学生养成良好行为习惯,健康成长。

二、教育重点

指导学生找出自己的优点和不足,养成良好的行为习惯。

三、教育过程

(一)引入

有人问苏格拉底:"世界上什么最难?"苏格拉底答道:"认识你自己。"那么,同学们,你了解你自己吗? 先让我们寻找自己的优点吧。

(二)指导学生找出自己的优点

俗话说:"尺有所短,寸有所长。"其实每个人都有自己的优势和长处。"和美德育"就是要发现我们的特长、优势和潜能,以此增强信心,形成进取状态,以长促全,大美至善。请同学们按照这种格式,写出自己的特长、优势和潜能。

(三)指导学生找出自己的问题和不足

自信不是孤芳自赏,也不是夜郎自大,更不是得意忘形或毫无根据地自以为是。我们要客观地看到在我们身上还存在这样或那样的问题,而这些正是我们通往成功之路的绊脚石。

(四)列举班上的一些问题和现象

1.关于作业

(1)作业不会做,把别人的作业或参考书上的答案不假思索地搬到作业本上以便交差。

点评:掩耳盗铃的做法,自欺欺人。

(2)老师,我不会做,但我不想欺骗你,所以我不交作业。

点评:诚实的孩子,但遇到问题为什么不想办法解决,而是让自己的包袱越来越沉重呢?

以上这两种都属于遇到问题就想着逃避问题,缺乏知难而进的精神。

2.关于自习

(1)自习课以讨论问题开始,闲聊告终。

点评:自制能力差,受不了诱惑。

(2)自习课找理由上厕所甚至去篮球场打球。

(3)自习课看到别人讲话,总忍不住要凑一份。

(4)早自习时间不能充分利用。

点评:缺乏自制力,随意挥霍时间。

3.在家里的表现

(1)没有制订好计划,在学科轮换中时间匆匆溜走。

(2)假借喝水上厕所去客厅看电视。

(3)欺骗家长,假装在屋子里学习,其实在幻想、在打盹、在听MP3、在看小说、在听电视的声音……

(4)当天学习的知识没有及时巩固、消化、复习。

点评:没有清晰的目标,没有良好的习惯,坏习惯的力量是可怕的。

(五)养成良好习惯,塑造更好的自己

1.尊重老师。

2.自学预习。

3.专心上课。

4.认真观察,积极思考。

5.善于提问。

6.独立作业。

7.仔细审题。

8.练后反思。

9.复习归纳。

10.整理错题集。

(六)改变坏习惯,塑造更好的自己

1.坏习惯会让自己自食恶果。

故事:有个年轻人向理发师学理发,师父要徒弟先拿冬瓜进行练习,要求用剃刀把冬瓜上的一层薄薄的毛剃干净但不能损坏冬瓜皮。徒弟每次都很细心地把这层毛剃得干干净净而且冬瓜皮完好无损。但是,他每次剃完之后都会顺手把剃刀插在冬瓜上。师父要徒弟改掉这个坏习惯,但徒弟总是说:"没事的,我以后为顾客理发时绝对不会这样做。"结果,当徒弟为第一个顾客理完发时,顺手就把剃刀往顾客头上一插……

2.改变习惯是需要一个过程的,所以要坚持。

行为心理学研究表明:21天以上的重复会形成习惯,90天的重复会形成稳定的习惯,即同一个动作,重复21天就会变成习惯性的动作。同样道理,任何一个想法,重复21天,或者重复验证21次,就会变成习惯性想法。

之后的21—90天,此阶段的特征是"不经意,自然",其实这就是习惯。这一阶段被称为"习惯性的稳定期"。

3.了解了习惯形成过程之后,同学们商量看看有什么好办法来改变自己的坏习惯,形成好习惯。

(七)总结

有句名言:性格即命运。假如我们的本性中有一些阻碍成功的因素,我们如果不去改变,岂不是人生注定要失败?其实,每天克服自己一点点毛病,每天坚持进步一点点,我们就会离成功越来越近。正视自己,改变自己,让我们共同期待一个全新的自我!

七年级 22

坦诚相待，和谐相处
——主题班会设计方案

一、设计背景

与人和睦相处是融洽的人际关系的具体表现，也是良好人际交往能力的具体体现。初中学生的生活环境和思想都相对单纯，在人际交往中没有重大利益上的直接冲突。但初中学生正处在身心发展时期，处于青春期，其情绪不稳定，冲动性强，容易为了小事和同学闹矛盾，和老师闹情绪，和家长关系紧张。

二、教育目标

1. 认知目标：帮助学生认识到与人和睦相处的重要性及个人思想和行为特点。
2. 态度和情感目标：形成乐于交往，敢于坦诚相待的情感态度倾向，增强交往的意识和自信。
3. 能力或问题解决目标：帮助学生掌握人际交往的一般方法或技巧，使之不但乐于交往和敢于交往，也善于交往，提高其人际交往能力。

三、教育重点

教育学生与人和谐相处，妥善化解矛盾。

四、教育过程

（一）引入

以班上某节课或某次活动中不和谐的场景，引出"和谐"。
同学之间相互讨论、交流对"和谐"的理解。
人际交往中也需要和谐，交流我们跟哪些人交往比较多。
（引入主题：坦诚相待，和谐相处）

(二)构建和谐的生生关系

1."同学"到底是什么呢？讨论交流。

共同学习做人，学习知识，发展自己的合作伙伴。共同面对成功与失败的精神支柱。共同走上人生成功之路的互助力量。在成长中无论是鲜花还是泪水，一起分享。

2.在班里你跟同学因为某件事情发生了矛盾，如何解决？

比如：暂缓处理，反思自己；体谅对方，学会包容；寻找机会，重新交流；调节气氛，化解尴尬；学会宽容，乐于付出。

3.良好的同学关系应该是什么？

和谐、和善、和气、和友——学会宽容。

(三)构建和谐的师生关系

1.传统师生关系：传统的"权威与服从"的不对等的师生关系，引发了师生交往的重重障碍。

新型的师生关系：建立在民主平等的基础上。在这种关系中，师生之间人格平等、相互尊重、相互学习、教学相长。老师是学生的学习合作者、引导者和参与者，是学生的朋友。

2.辩一辩：期中考试前数学老师想要占用一节你最喜欢的体育课，你同意吗？不同意如何解决？

3.如何构建和谐的师生关系？

沟通：沟通产生理解，理解产生信任。

礼仪：摆正自己的位置，在追求独立自主的同时，自觉接受老师的指导。

理解：相互理解和宽容。

4.良好的师生关系应该是什么？

和谐、和平、和蔼、和气——学会尊重。

这个世界，任何事物都不是绝对的，师生之间没有绝对的谦让、敬畏，也没有绝对的无私。在某种程度上可以认为，大家是根据各自的角色定位，执行着不同的交流策略。不过，老师和学生有着相同的目标，双方是"利益共同体"，为实现目标，坦诚相待就显得尤为重要。"坦诚相待"这四个字才是师生关系的最好表述！

(四)构建和谐的家庭关系

1.说一说：生活中经常同父母产生分歧并难以沟通的事。

2.谈一谈：观看视频，谈谈你和父母产生矛盾的原因有哪些？

3.议一议:当与父母产生矛盾分歧时,如何解决这些矛盾?

学会与父母沟通的基本要求:①理解自己的父母;②尊重自己的父母;③掌握一定的技巧和方法,如"亲有过,谏使更。怡吾色,柔吾声。谏不入,悦复谏。号泣随,挞无怨"。

4.良好的家庭关系应该是什么?

和谐,和睦,和美——学会理解。

彼此了解是前提,尊重理解最关键。理解父母最有效的方法是换位思考,沟通的结果要求同存异。

(五)总结

同学们,通过今天的积极讨论,我们明白了怎样更好地与我们身边的亲人、朋友、老师、同学和谐相处。"和"在中国一直都在提倡,古人云:"天时地利人和""以和为贵"。今天我们主要讲的是人和,生生互相宽容,师生互相尊重,与父母互相理解。"家和万事兴",这个"家"不仅是我们每位同学的小家,也是我们的学校,更大一点还可以是我们的国家,让我们一起努力,共建和谐家园,健康快乐成长。

七年级 23

目标引领未来

主题班会设计方案

一、教育目标

1. 教育学生认识树立奋斗目标的重要意义。
2. 指导学生制订切实可行的学习目标。
3. 培养学生为目标努力进取的拼搏精神。

二、教育重点

教育学生树立目标并为之努力奋斗。

三、教育过程

（一）课前预热

同学们说说，你和下面的同学相似吗？

小雨说："我做作业的时候必须有父母在旁边监督，要不我就总想玩，搞小动作。"

小燕说："我总是睡觉前才拿出本子做作业。"

小明说："我经常忘记带课本和作业本。"

小军说："我经常在快考试时，才手忙脚乱地开始复习功课。"

这些现象可以看出同学们在学习中存在哪些问题？

（二）欣赏故事，发现问题

心理学家曾经做过这样一个实验：组织三组人，让他们分别向着10千米以外的三个村子进发，但具体情况三组人了解的程度各不相同。

第一组的人既不知道村庄的名字，也不知道路程有多远。只告诉他们跟着向导走就行了。刚走出两三千米，就开始有人叫苦，走到一半的时候，有人几乎愤怒了，他们抱怨为什么要走这么远，越往后走，他们的情绪也就越低落，很多人都没有走完全程就放弃了。

第二组人知道村庄的名字和路程有多远,但路边没有里程碑,只能凭经验来估计行程的时间和距离。走到一半的时候,大多数人想知道已经走了多远,比较有经验的人说:"大概走了一半的路程。"于是,大家又簇拥着继续向前走。当走到全程的四分之三的时候,大家情绪开始低落,觉得疲惫不堪,而路程似乎还有很长。当有人说:"快到了。"大家又振作起来,加快了行进的步伐。

　　第三组的人不仅知道村子的名字、路程,而且公路旁每一千米就有一块里程碑。人们边走边看里程碑,每缩短一千米大家便有一小阵的快乐。行进中他们用歌声和笑声来消除疲劳,情绪一直很高,所以很快就到达了目的地。

　　不同的三组人出发去同一个村庄,却有不同的结果,为什么?

(三)人生如旅程,我们该怎么做呢

　　哈佛大学的教授做过一次关于人生目标的调查,发现一个人的目标越清晰,就越容易取得成功。每个人的一生都是有限的,在有限的时间里,所有人都希望自己能够达到自己梦想的顶峰。这就需要我们做好自己的人生规划。

(四)小区门卫大爷的日常管理给我们的启示

　　自我认识:你是谁?
　　生涯目标:你去哪?
　　行动计划:你要做什么?

(五)面对初中阶段的成长,我们该怎么做

　　初中阶段是个人成长的关键期,也是人生规划的重要时期,只有理性规划人生,才能演绎生命的精彩,释放生命的灿烂。

(六)增强自我认识:跳蚤的故事

　　(略)

(七)活动二:我画我写我的梦

　　本学期我的目标:_____
　　八年级我的目标:_____
　　九年级我的目标:_____

两年后我的目标：_____

我的人生梦想：_____

（八）那位渴望读书的"大眼睛女孩"，现状如何

1991年，一张题为"我要上学"的照片让中国人记住了那双大眼睛，照片中的主人公就是苏明娟。当时《中国青年报》的摄影记者解海龙在金寨乡张湾村的小学采风时，拍下了正在教室里上课的苏明娟，她手握铅笔、双眼直视前方，对求知充满渴望。这张照片发表后，很快被国内各大报纸杂志争相转载，成为中国希望工程的宣传标志，苏明娟也随之成为希望工程的形象代表。

之后，苏明娟一直致力于帮扶贫困生。她刚进入大学就致信给中国青少年发展基金会，要求把每学期定额发给她的900元生活补贴转给其他贫困生；参加工作后，每年都会花1000元资助贫困生，从未间断。她曾表示："我们这批受到希望工程资助的孩子是非常幸运的，所以我们必须感恩，并尽自己的能力回馈社会，多做一些好事，帮助其他需要帮助的人。"

2002年9月，苏明娟考取了安徽大学职业技术学院金融专业，2005年毕业后进入中国工商银行安徽省分行工作。2007年6月23日，她成为北京奥运会安徽赛会志愿者招募形象大使。2017年12月15日当选为共青团安徽省委副书记（兼职），该职务无行政级别，也不领取报酬。她还是共青团十八届中央委员会委员、常务委员会委员，中共二十大代表。

2018年，苏明娟设立了"苏明娟助学基金"，并拿出3万元家庭积蓄作为助学基金的启动资金。截至党的二十大开幕前，该基金筹集了大约490万元，参与建设了5所希望小学，救助了80名贫困大学新生。

苏明娟的成长经历展现了她的感恩之心，也展现了她是怎样一步步努力实现她为贫困地区教育事业做贡献的人生目标的。

（九）总结

溪流有了目标，就会日夜奔腾汇入大海；雄鹰有了目标，就会不畏风暴翱翔蓝天。

好习惯与坏习惯
主题班会设计方案

一、教育目标

1. 引导学生认识好习惯的重要性。
2. 教育学生养成良好习惯。
3. 教育学生改掉不良习惯,健康成长。

二、教育重点

教育学生养成良好习惯,改掉不良习惯。

三、教育过程

(一)什么是好习惯

所谓"习惯"是指长时间养成的不易改变的行为方式、生活方式、社会风尚等,"好习惯"顾名思义,也就是良好的、使人受益的习惯。

(二)好习惯对人的影响

1. 苏霍姆林斯基有一个习惯,那就是在清晨尽早开始一天的工作,他每天五点半起床,做早操,吃早餐,然后就开始工作,当他习惯了六点钟开始工作以后,又努力再提早15到20分钟,几十年如一日,从不间断。他的三十几本教育方面的书和三百多篇学术论文,都是在早上五点到八点写成的。好习惯成就了一位举世闻名的心理学家和教育学家。

2. 华盛顿是美国历史上最令人尊敬的总统,他的诚实故事家喻户晓。他从小看得最多的一本书,是一本随身携带的小册子——《与人交谈和相处时必须遵循的文明礼貌规则110条》。好习惯成就了一个伟大的总统和一个伟大的人。

可见养成良好的行为习惯对一个人的影响是多么巨大!如果在青少年时期没有养

成好习惯,造成的损失是永远无法弥补的。中学时期是青少年生理、心理发育的重要时期,是增长知识,养成良好道德品质和行为习惯的最佳时期。

(三)摒弃坏习惯

事例一:有一家食品公司要招聘一位卫生检测员,一位衣冠楚楚、气度不凡的年轻人自信地走进了总经理办公室,他优雅的谈吐、扎实的专业知识赢得了总经理的好感。没想到就在年轻人转身离开的时候,他下意识抠了一下鼻孔,这个不起眼的小动作并没有逃过总经理的眼睛,总经理认为,一个没有良好卫生习惯的人怎么能够做卫生检测员呢? 当然,年轻人到死也不会知道是他"抠鼻孔"的坏习惯毁了他的工作。

事例二:守时,既是一种行为规范,也是一种必不可少的品格修养。某高校的几位学者,有一次在参加会议期间,按照约定,拟与某组织成员开个重要座谈会。不料,这几位学者不知什么缘故迟到了几分钟,而对方则因此取消了会议。

(四)养成学习的好习惯

英国著名物理学家卢瑟福有一天晚上走进实验室,当时已经很晚了,他见一个学生仍在工作,便问他:"这么晚了,你还在做什么呢?"学生回答:"做实验。""那你早上做什么呢?""做实验。""那么整个白天你也在做实验吗?""是的。"卢瑟福说:"那么这样一来,你什么时候思考呢?"

卢瑟福的学生很勤奋、很用功,但是,如果只是机械地学,也只能是"学而不思则罔",那又有什么用呢? 如果我们只是一味死读书、读死书,花费的时间不少,却只能是事倍功半。"业精于勤荒于嬉,行成于思毁于随",思考是何等的重要,我们要善于思考。

(五)总结

好习惯成就一生,坏习惯毁掉一生。同学们,好的学习效果、好的学习成绩从培养良好行为习惯开始,这几乎是一个人人皆知的道理,希望同学们尽快养成好的学习、生活习惯。

让我们从今天做起,从现在做起,从小事情做起,在生活和学习中培养自己一个又一个好习惯,让好习惯伴随我们终身,成为我们走向成功、走向辉煌的一个又一个五彩的阶梯!

七年级 25

走下情绪的电梯

主题班会设计方案

一、教育目标

1. 通过活动,教育学生认识良好情绪的重要性。
2. 引导学生培养良好的情绪。
3. 引导学生融入集体生活,形成宽容、合作、进取的集体氛围。

二、教育重点

引导学生培养良好的情绪。

三、教育过程

(一)热身活动

1. 教师宣布规则。

教师会讲一个故事,当同学们听到"起风"的时候,请做擦掌的动作;当听到"雷声"时,请做跺脚的动作;听到"小雨"时,请做打响指的动作;听到"中雨"时,请做拍大腿的动作;听到"大雨"时,请做鼓掌的动作;听到"暴雨"时,请鼓掌加跺脚。

2. 开始游戏。

教师讲故事《雨点变奏曲》,故事中包含上面提到的词语,教师边讲故事,学生边做动作。故事如下:

周末放假了,我们全家一起去卫星湖游玩,卫星湖的景色好美啊!突然,起风了,乌云密布,一道闪电划过,雷声"轰隆",又一阵狂风,又一阵雷声,小雨"噼噼啪啪"地下起来了,人们慌忙躲避;很快地,小雨变成了中雨……变成了大雨……又是一阵雷声,暴风雨来啦!又是一阵雷声,大雨倾盆……雨渐渐地变小了,变成中雨,变成小雨……一阵又一阵雷声,大雨又降临了!但仅仅一会儿,(教师双手猛地一收)雨过天晴啦!

3. 游戏结束,请同学们分享游戏体验。

(二)主题活动:走下情绪的电梯

1.惨痛教训

被苍蝇击倒的冠军

有一次,某场台球冠军争夺赛在美国纽约举行。路易斯·福克斯的得分一路遥遥领先,只要再得几分便可稳拿冠军了。

而就在这个时候,一只苍蝇落在了主球上。此时路易斯并未在意,一挥手将苍蝇赶走了。可是,当他俯身准备击球的时候,那只苍蝇又飞回到主球上来了。在观众的笑声中,路易斯又去赶苍蝇,情绪也受到了影响。而更为糟糕的是,这只苍蝇好像是有意跟他作对,他一回到球台,苍蝇就又跟着飞回到主球上来,引得周围的观众哈哈大笑。

路易斯的情绪恶劣到了极点,终于失去了冷静和理智。他愤怒地用球杆去击打苍蝇,不小心碰动了主球,裁判判为击球,他因此失去了一次机会。本以为败局已定的对手见状勇气大增,愈战愈勇,最终超过路易斯,夺走了冠军。

2.情绪电梯

(1)想象你的情绪就像一幢10层楼的房子,每一层都代表了某一种情绪不同的程度。第1层是最底层,表示你可以控制自己的情绪,第10层为最高层,表示你失去了对情绪的控制,例如愤怒、恐惧。(电梯在第几层,人是可以控制的,如同自己的情绪程度)

(2)当你遇到以下某种情境的时候,这些情境是生活中常常遇到的,你处理得如何呢? 有没有更好的方法呢?

情境一:别人冤枉了你,可是却不听你说明情况。

①自我判断

这将引起你什么样的情绪? 判断你所处的情绪楼层。

画出你当时的表情。

写出你当时想说的话。

②回答问题

这个时候的你,是处于消极状态还是积极状态?

你的目的是什么?

要怎样做你才能保持冷静并恰当地解决问题?

③大家的建议。

④预计效果。

情境二：某人羞辱你或与你开很过分的玩笑。

①自我判断

这将引起你什么样的情绪？判断你所处的情绪楼层。

画出你当时的表情。

写出你当时想说的话。

②回答问题

这个时候的你,是处于消极状态还是积极状态？

你的目的是什么？

要怎样做你才能保持冷静并恰当地解决问题？

③大家的建议。

④预计效果。

（3）在现实生活中与人交往,你肯定会遇到矛盾和冲突。现在能不能利用我们的方法训练自己,做自己情绪的主人呢？

3.分享体验

替代方式处理冲突,如换位思考、积极沟通……

沟通的时候将"你……"句式转换成"我……"句式,减少攻击性和指责意味。

（三）总结

生活犹如一面镜子,你对它哭,它也对你哭;你对它笑,它也对你笑。希望我们每一位同学都能够学会走下情绪的电梯,以一种微笑的面孔面对生活！

七年级 26

如果我是他
主题班会设计方案

一、教育目标

1. 通过热身游戏，引导学生初步了解换位思考的重要性，学会站在他人角度思考问题。

2. 通过游戏体验、小组讨论、案例分析、情景表演等形式，让学生在参与体验的过程中学会换位思考的方式方法，善于站在他人立场看问题，化解矛盾冲突。

3. 培养学生换位思考意识，日常生活中学会宽容、理解他人，建立良好的人际关系，做一个心胸宽广的人。

二、教育重点

了解换位思考的重要性，培养换位思考意识，学会站在他人角度思考问题。

三、教育过程

（一）热身游戏："人"与"入"

（游戏导入，热身暖场，缓解紧张情绪）

让学生伸出两个食指，比个"人"字，做给同桌看。

教师问："同学们发现了什么？这是为什么啊？"（学生分享，从不同的角度）

教师："从不同的角度观察，会有不同的发现。"

（通过热身游戏导入，进入本节课的学习）

（二）换位思考、将心比心

教师：在日常生活中，我们难免会与他人发生误会、矛盾和冲突，当这些情况真正来临时，你会如何去处理呢？首先讲两个我们身边的故事。（体验当事人的心情，反思自己的观点和行为，有利于深入了解换位思考的意义）

案例：小菲趴在桌子上睡觉，同桌小林因为被班主任训斥了心情不好，把课本啪的一声摔到了桌子上，吵醒了小菲，小菲非常气愤，让小林道歉，小林却毫不理会，小菲越想越生气，就把小林的书推到地上……

（看完之后）教师：作为旁观者，你有什么想说的？

（学生回答问题，内容含没有相互体谅、没有相互理解，不站在他人立场想问题等）

（引出换位思考的含义）教师：站在别人的立场上，从他人的视角来看问题，理解对方的想法和行为，体验对方的感受。

教师：接下来我们分析案例。如果你是他们，会有怎样的感受？你希望对方怎么做？你会说什么？

（学生回答）

（总结）教师：设身处地，将心比心，主动沟通，态度友好等。

（三）角色扮演，续写故事

同桌之间总会发生太多太多的故事，这不，他们又闹矛盾了……（这一环节重点让学生表现冲突升级和积极应对的两种方式的区别，领悟出什么样的方法更适合解决问题）

故事情节：

期末考试试卷发下来了，小菲偷偷看了一眼分数：只有62分。她赶紧把试卷塞到书包里，同桌小林凑过来，挥舞着自己的试卷："嘿，小菲，我又考了100分！你呢？"小菲支吾着，小林却非让小菲拿出试卷来……

要求：小组合作，根据故事续写剧情，尤其补充小菲和小林面对这件事时的对话。

学生表演的情节有冲突升级的，也有正确处理的……

教师引导：通过情景续写，同学们对于换位思考有了更深刻的感受，我们要尊重他人，时刻站在他人立场看问题，化解矛盾冲突。

（四）化解冲突，理解包容

教师：我课前通过问卷的形式搜集了同学们人际交往过程中的一些矛盾和冲突，请每组选取一个问题，进行小组讨论，并根据所学知识选择处理方式。（帮助学生学会运用换位思考解决现实中的问题）

（五）真情告白，关系融洽

教师：在我们的班级中，在与同学的交往中，有欢声笑语，也有阴云密布。通过本节

课的学习,你最想对班里的哪位同学说点什么呢？可以是表扬,可以是歉意,可以是鼓励……(融洽同学关系,让情感升华)

(六)课后作业

教师:换位思考不仅能够帮助我们解决同学之间的人际冲突,也可以帮助我们处理与父母、老师之间的关系。请同学们完成以下作业。

作业:回顾自己与父母、老师发生的矛盾和冲突,运用本节课所学知识,以书信的形式进行真情告白。(课堂延伸,学以致用)

七年级 27

食品安全伴我行

主题班会设计方案

一、教育目标

1. 指导学生了解食品安全的重要意义。
2. 教育学生拒绝游摊食品。
3. 教育学生熟悉和运用食品安全知识。

二、教育重点

教育学生掌握运用食品安全知识。

三、教育过程

（一）课堂引入

"民以食为天，食以安为先"，这说明了食品安全的重要性。那么，同学们知道什么是食品安全吗？

（二）当今食品安全现状

1. 社会流行语："吃荤的怕激素，吃素的怕毒素，喝饮料怕色素，吃什么心里都没数。"

2. **典型食品安全事件**

广州海珠广场某店20岁女营业员于十几天前去世，该女曾觉得身体不适，去医院就医。医生对她检查完后大惊，因为该女士五脏六腑和皮肤下全都是虫，肝脏被侵蚀得只剩下一点点。经查致病原因是她常年吃的路边游摊食品细菌严重超标，且佐料也很不卫生。

(三)掌握食品安全常识

1.选择正规商店:看营业执照。

2.检查食物是否合格:看绿色食品标志。

3.检查食品包装:看生产厂家,营养成分,添加剂及生产日期。

4.价格便宜味道鲜美的小食品能否经常吃?

价格便宜,味道鲜美,而来源不正规的食品背后常常是偷工减料,使用过量糖精、化学合成食用色素等,甚至有的食品会使用一些工业原料,这会引起人体慢性中毒、畸形等。

5.食品添加剂的危害:过量食品添加剂易使人致癌,食品添加剂包括人工色素、香料、调味品、防腐剂、抗氧化剂等。食品添加剂是人类健康的隐性杀手!

6.十大"垃圾食品"你知道吗?

7.朗读食品安全歌谣。

食品安全真重要,病从口入危害大。

良好习惯要养成,食品挑选切注意。

三无食品莫食用,有害物质在其中。

小摊小贩莫相信,卫生更是谈不上。

过期食品切注意,吃了危害大又大。

变质食品切分清,中毒概率高又高。

油炸腌制要少吃,健康危害正面临。

饮料冷饮要节制,损害牙齿吃坏肚。

(四)了解自己的营养状况

国际上常用的身体质量指数(BMI)计算公式:

BMI=体重(kg)÷身高(m)的平方

正常值范围:18.5—24 kg/m^2

(五)你知道哪些食物不可以一起吃吗

(略)

(六)食品安全小测试

1.《食品安全法》自哪一天正式实施?

2.下面哪种食品不属于"三无食品"?(　　)

A.没有商标的食品

B.没有生产日期的食品

C.没有厂址的食品

D.没有保质期的食品

3.豆浆又叫"植物奶",被国际营养协会评定为健康食品和世界六大营养饮料之一。但是喝豆浆也有注意事项,以下不正确的食用方法是( )。

A.喝没有煮沸的豆浆

B.豆浆中冲入生鸡蛋

C.喝豆浆时搭配油条

D.用保温瓶长时间储存豆浆

4.吃剩的菜放进冰箱后,应该如何处理?( )

A.放进冰箱的食物要尽快加热食用。

B.只要菜没有变味什么时候都可以吃。

C.时间不超过稍星期就可以吃。

D.菜变味了以后稍加热就可以吃。

5.无论发生次数还是中毒人数,在我国占食物中毒总数第一位的是( )。

A.细菌性食物中毒

B.有毒动、植物食物中毒

C.化学性食物中毒

D.霉变食物引起的食物中毒

6.世界卫生组织曾宣布,在某些洋快餐中有一种致癌物质存在于炸薯条、薄脆饼、烤猪肉皮等煎炸食品中,它是( )。

A.苏丹红

B.二氧化硫

C.苯并芘

D.丙烯酰胺

7.不属于世界卫生组织公布的全球十大"垃圾食品"的是( )。

A.油炸类食品

B.汽水可乐类食品

C.熟食卤味类食品

D.烧烤类食品

8.以下哪种说法是正确的( )。

A.绿色食品就是绿颜色的食品

B.天然的食品都是绿色食品

C.野生的食品就是绿色食品

D.绿色食品是经过专门机构认证的有绿色食品标志的食品

9.下面哪个是绿色食品标志(　　)。

A. 　　　B. 　　　C. 　　　D.

(七)总结

食品安全与我们每个人息息相关,希望大家牢记这些食品安全知识,在日常生活中加以应用,促进我们健康成长,让我们的生命之花开得更加绚烂!

七年级 28

在合作中成长
主题班会设计方案

一、教育目标

1. 引导学生了解"合作"的含义。
2. 指导学生学会与人合作以及如何与人合作。
3. 教育学生在合作中学会成长。

二、教育重点

指导学生学会与人合作及如何与人合作,在合作中学会自我成长。

三、教育过程

(一)引入:合作的含义

动物给人类的启示:

1. 有笔者认为,在狼成功捕猎的过程中,严密有序的集体组织和高效的团队协作是其中最明显和最重要的因素。这种特征使得狼群在捕杀猎物时总能无往不胜,单打独斗狼虽不敌虎、狮、豹,但狼群可以杀死它们,为什么?因为狼靠的是协同作战,所以其他动物都不敢招惹狼。

2. 蚂蚁们的分工合作堪称自然界中的经典,它们天生知道如何让1+1>2。比如:在日常劳动中,它们分工明确,各司其职,各尽其能。勇敢强壮的兵蚁的工作主要是保护蚁群的安全、粉碎坚硬食物及协助搬运重物。细心勤劳的工蚁的工作是建造巢穴、采集食物、喂养幼蚁及蚁后等。

蚂蚁是非常擅长根据季节的变化规划工作目标的。夏天刚到,它们就计划越冬的事,开始搭建屋子,收集过冬的食物。对于一个团队的发展来说,前瞻性和合理的目标规划是非常关键的,管理者不仅要紧随时代的前进步伐,更要结合团队的特点,准确预测未来的发展趋势,只有有了正确的努力方向,才有真正的未来。

一位科学家将一支点燃的蜡烛放到一个蚁巢旁边。面对火情,蚁群并没有慌乱,而是在以自己的方式迅速传递信息之后,开始有条不紊地调兵遣将。大家协同作战,不到一分钟烛火即被扑灭,而蚂蚁们几乎无一死亡。在工作中每个团队都难免会面对挑战甚至是危机,这就需要团队的每一个成员都能在关键时刻像面对危险的蚂蚁一样,沉着冷静,有条不紊。

一个团队在工作中,许多问题的解决需要多方面的知识与能力,任何个人的力量都是不可能完成的,这就需要具备单方面或几个方面知识与能力的人员共同配合,将每个人的知识与能力凝聚起来,形成一个具有综合知识、能力的集体。这个综合的集体才能承担每一个个体不能够完成的艰巨任务。

(二)讨论合作的含义

1.合作就是个人与个人、群体与群体之间为达到共同目的,彼此相互配合的一种联合行动。

2.合作就是互相配合做某事或共同完成某项任务。

(三)行动·观察·思考:跟我一起做

1.活动一
①集体做活动:闭上一只眼睛,伸出两个食指,让两个食指尖对接,反复做几次。
②谈感受:做这个动作的过程中你有什么感受?(学生举手回答)

2.活动二
①找同学做:尝试用一只脚走路。
②谈感受:做这个动作的过程中你有什么感受?(学生举手回答)

3.通过上述活动,我们了解到什么?(学生讨论)
①双手需要合作才能更好地完成任务。
②双腿需要合作才能正常走路。

(四)行动·观察·思考:如何与人合作

1.行动·观察:两个人合握一支笔画一只鸭子。
2.思考
①这么做有什么问题?
②是什么原因导致问题的出现?
③如何更好地画出来?

(五)总结·反思·迈进:如何与人合作

1. 当你和一个人合作的时候,要无条件地相信他,相信他可以将这个工作做好,然后你也要全身心地投入到工作中。(信任)

2. 合作的时候有什么想法就说出来,有什么问题就提出来,大家一起来解决。(真诚)

3. 充分认识自己的长处和其他人的长处,团队之间要沟通交流,了解其他人的进度,争取实现共同进步。(分工)

4. 要有乐观的态度,阳光的性格。如果你成天在那里唉声叹气的,这会影响到其他人的情绪,有可能会直接导致你们任务的失败。(积极)

5. 要善于夸赞对方,当你的队友取得成绩的时候,你要给予他一个赞扬,这会让他有一种被认同的感觉,然后就会以更大的热情来完成所需的任务。(欣赏)

(六)在合作中成长:我们身边的合作

1. "人人有事做,事事有人做"。
2. 小组合作学习。
3. 学业互评。
4. ……

(七)总结

谈一谈你在本次课程的收获。

七年级 29

防溺水安全教育

主题班会设计方案

一、教育目标

1. 引导学生认识溺水对生命安全的巨大威胁。
2. 教给学生杜绝溺水事件发生的措施。
3. 教育学生珍爱生命、健康成长。

二、教育重点

引导学生认识溺水危害，自觉防止溺水危险。

三、教育过程

（一）以永川学生溺水死亡案例引入

某一天上午，在永川区某地，某家庭发生一起溺水悲剧，造成两名小孩和一名大人共三人身亡。据当地一村干部介绍，当天中午12点过，有村民从一池塘路过，发现有人掉进水里。这位村民见状，大声呼叫周边村民赶来救人。不过为时已晚，三人被救上岸后，已无生命体征。

三名死者中，除年事已高的68岁婆婆，还有两名两三岁的小男孩。因为两个孩子的父母均要上班，所以将孩子交给在家务农的老人看管监护。村民猜测：婆婆带着两个小孩，当天在池塘附近干活，当小孩发生意外后，她可能是跑去救人，不幸也溺水身亡。当地村干部介绍，池塘周边虽有警示标志，但在危险发生前，没有引起重视，导致悲剧发生。

（二）揭秘中小学生杀手

溺水是中国中小学生的第一"杀手"。

相关统计数据显示，全世界每年约有37.2万人溺水死亡，溺水成为世界上儿童或青少年的十大主要死因之一。

在中国,溺水是造成中小学生意外死亡的第一"杀手"。

据有关机构统计,我国每年有近5万名14周岁以内儿童死于意外伤害,其中因溺水身亡的儿童高达2万名。在1—4岁、5—9岁、10—14岁年龄段,溺水更是造成儿童死亡的首要原因,占比超过50%。

(三)惨剧带来的巨大伤害

(略)

(四)预防溺亡事件的发生,游泳要严格遵守"七不"

1. 不私自下水游泳。
2. 不擅自与他人结伴游泳。
3. 不在无家长或教师带领的情况下游泳。
4. 不到无安全设施、无救援人员的水域游泳。
5. 不到不熟悉的水域游泳。
6. 不私自到江河、湖泊、水库、堰塘、水井、溪沟边玩耍。
7. 未成年人不要下水施救。

(五)溺水的主要原因

1. 不会游泳。
2. 游泳时间过长,疲劳过度。
3. 在水中突发疾病尤其是心脏病。
4. 盲目游入深水区。

(六)如何预防游泳时脚抽筋

1. 游泳前一定要做好暖身运动。
2. 游泳前应考虑身体状况,如果太饱、太饿或过度疲劳时,不要游泳。
3. 游泳前先在四肢泼些水,然后再跳入水中,不要立刻跳入水中。

(七)溺水的急救

方法一:可将救生圈、竹竿、木板等物抛给溺水者,再将其拖至岸边。

方法二:若没有救护器材,会游泳者在确保安全的前提下可以入水直接救护。接近溺水者时要转动他的髋部,使其背向自己然后拖运。拖运时通常采用侧泳或仰泳。

(八)防溺亡倡议书

为积极响应学校近日以"珍爱生命,远离溺水"为主题的"安全教育"系列活动,杜绝溺水悲剧的发生,学校提出以下倡议。

1. 自己:绝不参与危险的戏水游泳活动;绝不参与没有家长陪同的游泳活动;绝不到危险、陌生的河塘游泳;绝不在河塘边垂钓鱼虾;绝不做危险举动,远离溺水。

2. 家人:如果游泳,一定要在家长陪护下,到安全的、正规的游泳场所游泳,并要做好相应准备活动,防止溺水事件发生。

3. 学校:积极参加学校组织的"珍爱生命,远离溺水"系列安全教育活动,学会相关的预防溺水知识,并能将所学的知识运用于实际,掌握溺水自救的基本知识和技能。

4. 他人:在加强自我安全意识的同时,坚决抵制、劝阻那些违反学校纪律,私自外出游泳的行为。

(九)宣誓

绝不私自下河游泳;

绝不擅自与同学结伴游泳;

绝不在无家长或老师带领的情况下游泳;

绝不在无安全设施、无救护人员的水域玩耍、游泳。

(十)总结

安全重于泰山,生命高于一切!

远离溺水是我们共同的心愿!

让平安的种子播撒进我们的心田!

让欢乐和幸福永远围绕在我们身边!

让平安伴随我们大家健康成长!

第二部分

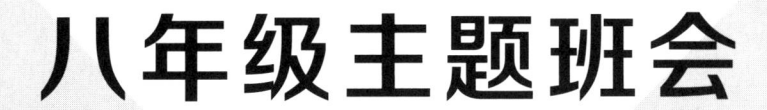

八年级主题班会

设计方案

八年级 1

做习惯的主人

主题班会设计方案

一、教育目标

1. 教育学生提高对习惯的认识。
2. 指导学生认识自己的坏习惯并下决心纠正。
3. 引导学生养成良好习惯。

二、教育重点

教育学生纠正不良习惯,完善自我。

三、教育过程

(一)引入

一根小小的柱子,一截细细的链子,拴得住一头千斤重的大象吗?在印度和泰国,驯象人用一条铁链将小象绑在水泥柱或钢柱上,无论小象怎么挣扎都无法挣脱。小象渐渐地习惯了不挣扎,直到长成了大象后本可以轻而易举地挣脱链子时也不会挣扎。可见小象是被链子绑住,而大象则是被习惯绑住。

(二)名人习惯案例

美国著名作家马克·吐温坚持每天清晨默读墙上的好词、佳句,这为他能写出脍炙人口的作品打下了坚实的基础;马克思在撰写《资本论》时仍坚持每天演算数学题,以培养其逻辑思维能力……由此可见,拥有一个好习惯就意味着拥有一个成功的人生。

(三)好习惯的意义

从蹒跚学步、牙牙学语至今,我们学习过不少日常行为规范,这不仅是一种要求,也是一种"养成"教育。因为日常行为规范的每一条都是一种良好的行为规范,学习它们实际上就是在学习一种种好习惯,并且在学习的过程中逐步养成好习惯。

有人将良好行为习惯比喻为良好习惯乃是人在神经系统中存入的道德资本,这个资本不断地在增值,而人在其整个一生中就享受着它的利息。中学时期是青少年生理、心理急剧发育、变化的重要时期,正是增长知识,接受良好道德品质和行为习惯养成教育的最佳时期。

(四)每个人都希望有良好习惯,良好习惯的表现是什么

1. 爱动脑筋,爱观察,爱提问。

2. 有钻研精神,喜欢独立完成学习任务。

3. 学习有计划。

4. 善于排除干扰。

5. 有一套适合自己的学习方法。

6. 经常使用工具书,参考书。

7. 喜欢阅读,有意识拓展知识面。

8. 经常与同学讨论问题。

9. 今日事,今日毕。

……

(五)学习很重要的一点是利用好学习时间

1. 做好时间的加减法。

学习时间=上课有效时间+自习有效时间+真正利用的课余时间—发呆时间—闲聊时间—借东西时间……

2. 学会安排:制订计划——紧跟进度——及时纠错。

(六)讨论:我们班学习上存在哪些不良习惯

1. 课堂上:注意力不集中;学习肤浅(浮光掠影,蜻蜓点水);不能坚持到最后一分钟;只是听,不思考不做笔记;小动作多,如转笔、喝水、摸头发、走神、打哈欠、讲空话等。

2. 完成作业:应付、不及时、不认真、抄答案等。

3. 自习课:闲坐、趴桌瞌睡、找人聊天等。

(七)总结

只要我们能把很多看似平凡的好习惯积累起来,一定会受益终身。

八年级 2

莫让手机毁一生
主题班会设计方案

一、教育目标

1. 引导学生认识手机的危害。
2. 帮助学生远离手机危害。
3. 激励学生勤奋学习,立志成才。

二、教育重点

帮助学生远离手机危害。

三、教育过程

(一)了解手机危害

1. 手机辐射比想象中的可怕,有实验报告指出,老鼠被手机微波辐射5分钟,就会产生DNA病变。人类长时间受到手机微波辐射,也可能会产生DNA病变。

有关研究显示,使用手机时,会有40%至60%的辐射量直接渗透到大脑一寸到一寸半的深度,而且手机辐射的伤害会不停地在脑子里累积。微波具有很强的加热作用和穿透能力。

有专家认为,手机紧贴人体(尤其是头部和眼睛),微波辐射强度大且高度集中,它会穿透皮肤、头骨进入大脑,对大脑加热。人体器官的反复加热会激活人体的热激蛋白,而这些热激蛋白会破坏细胞的免疫系统,引发癌症。手机辐射还会对脑部神经造成损害,引起头痛、记忆力减退和睡眠失调。手机游戏也可能造成孩子耳聋。

2. 各方态度。

(1)家长对于学生使用手机的态度及原因。

①家长同意的原因:方便与自己联系(80%);与孩子更好沟通(15%);其他(5%)。

②家长不同意的原因:担心孩子用于谈恋爱(47%);怕孩子上课时发短信、玩游戏等(19%);怕孩子收到不健康信息(34%)。

(2)老师的态度及原因。

老师不同意的原因:学校的规定;担心学生上课受到影响。

(二)手机对学生的危害

1.影响休息,贻误学业。以前,学生需要翻越学校围墙才能到网吧上网。而现在学生可以直接在教室里随时通过手机进行聊天、浏览不良网站。手机已成为学生精神污染的主要来源,给学生的心理健康带来了极大的不良影响,其后果是非常严重的。

2.助长学生攀比之风。购买高档手机助长了孩子的攀比心理。

3.手机为考试作弊提供了条件。学生有了手机后,有的学生大部分时间和精力都花在玩手机上,一到考试就一筹莫展。个别学生大大小小的考试都想用手机作弊。这将使学校的学风每况愈下,形成恶性循环。

4.影响学校的教学秩序。学生自制能力是不强的,很难经得起手机的诱惑,一些学生在课堂上经常用手机打游戏、发短信、听音乐、看小说,影响教学秩序。还有一些学生在课堂上虽然不敢玩手机,可是他们把所有的课余时间都用在玩手机上。

(三)手机对中学生的利弊分析

总的来说,手机对学生来说弊大于利。

1.频繁用手机,损身又害心。

2.考试作弊,冲击考风学风。

3.不良信息泛滥,不利健康成长。

4.破坏校纪,影响教与学。

5.疏远亲情。

6.乱交朋友,情感纠纷不断。

7.携带高档手机,学生安全难保障。

8.手机消费,加重家庭负担。

9.炫耀攀比,助长享乐思想。

10.分散注意力,学业成绩直线下降。

(四)远离手机危害的方法

1.中学阶段,同学们应以学业为重,自觉抵制手机的干扰。

2.特殊情况请借用老师的电话和家长联系。

3.严禁中学生在校园内携带手机,一经发现,严肃处理。

(五)总结

让我们共同携起手来自觉远离手机危害,在校园里禁止使用手机,共创一个健康和谐的校园!

八年级 3

青春不"叛逆"
主题班会设计方案

一、设计背景

八年级学生正处于青春期,学生成人感的出现与心理的不成熟导致学生在与父母和老师交往的过程中冲突频现。引导学生理解父母并学会遇到问题与父母及老师及时沟通就显得尤为重要。

二、教育目标

1. 当学生与父母、老师发生争执时,懂得换位思考并及时与父母和老师沟通交流。
2. 懂得"叛逆"的真正内涵——有主见、不墨守成规、有创新意识。

三、教育过程

(一)导入

1. 在我们与父母的相处过程当中,有哪些争执或冲突?
2. 讨论:你觉得造成冲突的原因是什么?

(二)探讨我们怎样避免与父母发生冲突

1. 分享一位母亲给孩子的信:写给生命中最重要的你

孩子,每当翻看老照片的时候,我总会回忆起小时候的你,那时的你总缠着我,每当妈妈要出门的时候,你都喊着、闹着要跟着我,不管去干什么你都非常高兴地和我在一起。你特别喜欢让我给你讲故事,陪你滑滑梯,上超市、逛公园。我还清楚地记得有一天我们在沙发上玩耍,突然你说了一句:"喜欢妈妈!"然后在妈妈的脸上亲了一下,我瞬间感觉有你在我身边是我最最幸福的事情。那时的你有什么样的奇奇怪怪的想法都愿意跟我讲,让我跟你一起分享你童年的快乐。慢慢地,你长大了,上学了,会自己读书、有了很多好朋友。我由衷为你的成长而感到高兴,但是我们的交流却不如以前多了。有时候见面说不了几句话你就翻脸走了。你总是烦我限制你的上网时间。但是孩子,我只想告诉你,我这是在保护你,电脑和网络是我们了解世界的工具,但沉溺于网络游戏和虚幻的网络世界却可以毁了你。你烦我总是让你努力学习。但是孩子,我要求你用功读书,不是因为我要让你跟别人比成绩,而是因为我希望你能通过学习来汲取营养,在将来有更多选择的机会,能够选择你喜欢的工作,过着让你感到快乐的生活,而不是被迫谋生。有些时候,我也会想,处于青春期叛逆阶段的你,渴望自由,不希望妈妈干涉你的生活,妈妈理解你,可是妈妈却不得不在你危险的时候拉你一把,不能让你深陷泥潭无法自拔,这也许是妈妈的天性吧。有些时候,妈妈真的很想平等地跟你耐心沟通交流,但是你总是说:"我们有代沟,我想的你都不懂。"有些时候,你跟妈妈激烈争吵过后,妈妈也很生气,也很难过,会偷偷躲在一旁流泪。但是每当再一次听到你的一声"妈妈",一切的愤怒、一切的委屈全部都没有了。这也许也是做妈妈的天性吧!你的世界,也许妈妈真的不懂,但是妈妈渴望进入你的世界,渴望了解你,了解你在想什么,你想做什么,妈妈永远愿意与你一同分享快乐,一起承担痛苦与忧愁,因为你是妈妈生命中最重要的唯一。

2.大家还记得母亲用了几个"有些时候"吗?我们推选一个朗诵比较好的同学来读。

父母都能站在我们的角度来考虑,能够理解我们现在所处的特殊阶段,那么我们呢?我们遇见与父母意见不一致的时候,该怎么办呢?

(三)探讨和老师发生冲突的解决办法

刚才我们探讨了我们跟父母冲突的解决办法,我们生活中还会跟其他人发生过冲突吗?如果和老师之间出现冲突,我们该如何化解呢?

1.师生常见的冲突情形:学生上课打瞌睡、玩手机、不交作业、讲空话、老师请家长等。

2.情景再现:全班分成4个组,每两个小组辩论一个冲突。一个小组扮演老师,一个小组扮演学生来展示真实的冲突。

3.反馈:让我们的"老师"谈谈如果你遇见这样的学生你有什么样的感受。

作为学生,面对老师的批评,我们怎样能把事情解决得更妥当一些?

(四)总结

我们正处于心理过渡期,独立意识和自我意识日益增强,迫切希望摆脱成人(尤其是父母)的"监护"。为了表现自己的"非凡",我们也就有对任何事物都倾向于批判的态度,从而用各种手段、方法来确立"自我"与外界的平等地位。

在叛逆期中,我们要认识到自己其实是半幼稚半成熟的,遇事要冷静,防止莽撞冲动,避免和父母、老师对立,避免出现过激行为酿成终身遗憾。

让青春绽放美丽,让青春无比精彩!

八年级 4

学习有高招
主题班会设计方案

一、设计背景

"授人以鱼,不如授人以渔。"教师除了要教给学生知识、技能,还应教给学生独立获取知识的方法和能力,使他们能够不断地获取新知识,能自主学习,满足自身发展的需要。

如何帮助八年级学生用科学的方法学习,提高学习效率,成为学习的主人,是班主任应该帮助学生解决的实际问题。

二、教育目标

1. 知识与技能目标:了解学习过程中的五个重要环节,掌握科学的学习方法,提高学习成绩。
2. 过程与方法目标:在思维训练中,学习和掌握提高记忆力的方法。
3. 情感、态度与价值观目标:学会学习,体验学习的欢乐。激发学习热情,养成良好的学习习惯,为终身学习奠定基础。

三、教育过程

(一)设置情境,引出话题

教师:传说八仙之一的吕洞宾有点石成金的本领。有一天,他遇到一个贫穷的道士,就顺手点了一块石头,把那块石头变成了金子。吕洞宾要把这块金子送给穷道士。然而,这位穷道士却不要金子,而想要吕洞宾那点石成金的手指。

想一想,这个穷道士为什么不要金子,而要吕洞宾的手指?

(二)五步学习,稳扎稳打

学习是一个完整的过程,可分为预习、听课、复习、作业、考试这五个重要环节,少了哪一个环节都会影响学习的效果。要搞好学习,就必须搞好学习的五个环节。

1. 预习法:磨刀不误砍柴工

教师:你觉得预习重要吗?请同学们根据情况,实事求是回答。(可以有正反观点)

教师:预习其实是花少量的时间,搞清听课的重点,使听课更具有目的性。建议同学们要加强课前预习,因为"磨刀不误砍柴工"。

2. 听课法:一听、二动、三看。

教师:听课要讲究"一听、二动、三看"。大家说说看,"一听",听什么?"二动",动什么?"三看",看什么?

"一听":老师上课讲的内容句句字字都要听得非常认真。"二动":一是动脑,积极思考、记忆、提问。二是动手,上课时,用笔在本子上记录,验算,设问等。"三看":一看老师,老师讲课时我们要注视老师;二看黑板或实验,老师板演或做实验时,要盯着黑板,要关注实验的过程和细节;三看书,老师讲书中内容或作业时,眼睛要看着书和本子。

3. 复习法:温故而知新。

温故而知新,复习是巩固、消化和深化学习内容的重要环节。

德国心理学家赫尔曼·艾宾浩斯的研究表明遗忘在学习之后立即开始,而且遗忘的进程并不是均匀的。最初遗忘速度很快,以后逐渐缓慢。具体来说,在学习后的20分钟,记忆量就会锐减近42%,1小时后遗忘约56%,9小时后遗忘约64%,1天后遗忘约66%,然后遗忘的速度逐渐减慢,6天后遗忘约75%,1个月后遗忘约79%。这称为艾宾浩斯遗忘曲线,这项研究成果对于学习和记忆有着重要的指导意义,例如,它提示我们在学习新知识后,要及时进行复习,以强化记忆,减缓遗忘的速度。比如,在学习完后的20分钟内进行一次快速回顾,1天后再次复习等。

复习有三个关键点。

第一,要及时复习,千万不要等忘记了,再去复习。"修复总比重建省事"。

第二,要经常复习,步步为营。一般来说,在学习后的6小时、一天、三天、一周、一月各复习一次效果最好。因此,学校老师课后布置作业,设置周练、月考等都是有科学依据的。

第三,用课堂笔记复习。实验表明:用书做复习工具,做完单科复习要20分钟;用课堂笔记做复习工具,每天只需8分钟,这就会使学习效率提高。

4. 作业法:学会应用,勤加练习。

做作业之前要先复习。做作业时,第一不要看书,第二不要问别人,第三要有时间限制,只有这样,作业才有实际价值。

5. 考试篇:举一反三,实战演习。

考试是一件非常平常的事情,不过就是检测一下自己对知识到底掌握了多少,所以应当以平常心对待。即使考试发挥失常,成绩不是很理想,也不能影响自己的学习和生活,不要因为一次失误就全盘否定自己,要把考试失利看作正好给自己提供了一个比较明确的改进方向,改进自己的不足。

有一句教育名言"世界上最有价值的习题,不是专家出的习题,而是自己做错的习题"。我们应该将自己做错的所有题目全部及时地收集整理,对每道自己做错的题目进行认真分析,以便查漏补缺。

(三)总结

有位名人说:"最有价值的知识是关于方法的知识。"这句话告诉我们掌握学习方法的重要性,希望同学们不断探索,不断积累,掌握适合自己的有效学习方法。

八年级 5

做情绪的主人
主题班会设计方案

一、设计背景

八年级学生学会有效管理情绪,是青春期教育的重要内容。从"情绪—情感—情操"这条线索来认识和促进学生的心理成长,以及在道德与价值观层面对其进行引导。

二、教育目标

1.通过学习情绪的表达及探究情绪感染,能够正确表达自己的情绪,正确对待自己的情绪感受,控制好自己的情绪。

2.通过案例,学习方法与技能,学会调节情绪的方法。

3.通过学习情绪的调控与表达,体会情绪表达对人际关系的影响,感受友善、和谐、文明等良好氛围。

三、教学重、难点

重点:能够正确表达自己的情绪。

难点:正确对待自己的情绪感受,控制好自己的情绪。

四、实施过程

(一)导入

播放歌曲《阳光总在风雨后》。

(二)教学过程

活动一:引导学生说出自己的体验。

1.回想一件让你特别兴奋或特别愤怒的事情,你当时是如何表达自己情绪的?你周围的人又是如何表现的?

示例:如你观看了某场足球决赛,而你喜欢的球队获得冠军;或者你在一次比较重要的考试中取得了良好的成绩等。

2.与同学交流,看看大家情绪表达的方式是否一样,这些表达方式给身边的人带来怎样的影响。

不同的情绪表达方式对他人的影响不同,人与人之间的情绪会相互感染。情绪的表达不仅与自己的身心健康有关,而且关乎人际交往。

3.与同学讨论,看看大家是如何调节自己的情绪的,有哪些好的方法。

示例:小刚想在周末踢足球,结果下雨了,他很懊恼,但他转念一想,不踢足球可以在家写作业,他顿时高兴起来了,这是通过改变看问题的角度来调节情绪的;晓晓在心情不好的时候就听听舒缓的音乐,心情就会好起来,这是通过转移注意力的方式来调节情绪的;小刚生气的时候就利用课余时间到操场上打球,进行剧烈运动,这是通过合理宣泄的方式来宣泄情绪的。

活动二:小平把自己的秘密告诉了好朋友,并再三嘱咐他不要告诉别人,可是没过几天,小平发现班里好几个同学都知道了自己的秘密。小平为此非常生气。

1.分组情景表演:小平会以何种方式来表达自己的情绪? 可能会带来什么后果?

2.根据情景表演:讨论哪些表达方式是恰当的。

提示:负面情绪需要宣泄,但是一定要在道德和法律允许的范围内进行,既不能伤害自己的身心健康,也不能伤害他人和集体的利益。我们应该学会在合适的场合用合理的方式表达情绪。

调节自己情绪的方法:改变认知评价、转移注意力、合理宣泄和进行放松训练等。这些方法,有助于我们更好地调节情绪,成为情绪的主人。

拓展空间:从抑郁、悲伤、恐惧、嫉妒、憎恨和焦虑等情绪中选择一种,提出你的调节方法,与同学交流分享。

活动三:下面的案例给了你什么启示?

案例一:一个粗心的医生,将两个病人的诊断报告弄错了。原本没有癌症倾向的病人因为错误的诊断报告而极度伤心、痛苦、焦虑,并且情绪极不稳定。没过多久,在医院的再次检查中,他被发现了癌症的倾向。而那位本来有癌症倾向的病人,由于拿到了没有癌症倾向的诊断证明,情绪变得稳定,心情变得愉悦,病情也渐渐好转。

案例二:古希腊哲学家苏格拉底原先和几个朋友住在一间小房子里,有人认为他居住的条件太差了,而他却说:"朋友们住在一起,随时可以和他们交流感情,是值得高兴的事啊。"几年后,他一个人住,又有人说他太寂寞了,他又说:"我有很多书啊,一本书就是一个老师,我和那么多老师在一起,怎么会寂寞呢?"

(三)总结

我改变不了环境,但我可以改变自己;
我改变不了事实,但我可以改变态度;
我改变不了过去,但我可以改变现在;
我不能控制他人,但我可以掌控自己;
我不能预知明天,但我可以把握今天;
我不能样样顺利,但我可以事事尽心;
我不能左右天气,但我可以改变心情;
我不能选择容貌,但我可以展现笑容;
我是情绪的主人,保持良好情绪,打造健康青春!

八年级 6

珍爱生命
主题班会设计方案

一、教育目标

1. 知识目标:认识生命的特点,感受生命的脆弱与顽强。
2. 能力目标:增强应对挫折的勇气,不断增加生命的分量。
3. 情感、态度与价值观目标:培养学生珍爱生命的意识,延伸生命的价值,让有限的生命焕发光彩。

二、教育重点

认识生命的特点,学会珍爱生命。

三、教育过程

(一)导入

我们惊讶于病毒的可怕,也感叹生命的脆弱。在疾病、灾难面前,人类竟然如此渺小!灾难、疫情、生死,让我们一起思考"生命"。

(二)认识生命

教师:你思考过吗——我们从何而来?又要到哪里去?生命的意义是什么?

1. "生"的追问。

(1)生命来之不易。

材料:手指纹的秘密。

(2)生命是独特的。

思考:《返老还童》《重返20岁》的故事在现实生活中会不会发生?为什么?

(3)生命是不可逆的。

思考:《西游记》中,为什么很多妖怪想吃唐僧的肉?

2."死"的思考。

问:你思考过死亡吗?

思考:生命是脆弱的、短暂的,我们应该怎样对待这来之不易而又独特、短暂、脆弱的生命?

3.在故事中深化对生命的认识。

故事一:霍金是一个神话,一个杰出的理论物理学家,一个科学巨人。或许,他只是一个坐着轮椅、挑战命运的勇士。虽然身体的残疾日益严重,霍金却力图像普通人一样生活,完成自己所能做的任何事情,极其艰难地写出了著作《时间简史》,探索宇宙的起源。

故事二:有两个孩子,一个喜欢弹琴,想当音乐家,一个爱好绘画,想当美术家。不幸的是,想当音乐家的孩子,耳朵突然聋了;想当美术家的孩子,眼睛突然瞎了。两个孩子非常伤心,痛哭流涕,埋怨命运的不公平。有位老人从他们身边经过,对耳聋的孩子比画着说:"你耳朵虽然坏了,但眼睛还是明亮的,为什么不改学绘画呢?"接着他又对眼睛瞎了的孩子说:"你的眼睛虽然坏了,但耳朵还是灵敏的,为什么不改学弹琴呢?"两个孩子听了,心里一亮。他们擦干了眼泪,开始新的追求。耳聋的孩子,后来成为美术家,名扬四海;眼睛瞎了的孩子,终于成了音乐家,饮誉天下。

(三)珍爱生命,敬畏生命

1.每个人的存在都是有价值的。

想一想:你的出生给你的家庭带来了什么?

教师:在历史的长河中,个人的生命虽然短暂,但正是一代又一代的个体生命实现了人类生命的接续。在人类生命的接续中,我们总能为自己的生命找到一个位置,担当一份使命。

2.关心身体状况,养成健康的生活方式。

(1)你每天早晨都吃早餐吗?

(2)你是否有过熬夜打游戏或者追剧的经历?

(3)你是否食用过"三无"食品或者喝过碳酸饮料呢?

(4)你的体重是否过轻或过重呢?

(5)你生病时有没有及时就医?

3.勇于面对生活中的各种困难、挫折。

了解关于霍金、约翰·库提斯的故事,以及观看视频《经历无数的挫折,我们需要再来一次的勇气》。

教师:当自己的生命受到威胁或遭遇困境时,我们要勇敢面对,不轻言放弃生的希望。当生命不完美时,依然肯定、悦纳生命。

4.增强安全和自我保护意识,提高防范能力。

我们要珍惜自己的生命,也要关怀尊重他人的生命,我们要与周围的生命休戚与共。

(四)延伸生命的价值

教师:当我们遇到烦恼时怎么办?

这世上哪有什么岁月静好,不过是有人替你负重前行。你有什么理由不爱惜自己呢?

(五)总结

生命是宝贵的,守护生命,我们才能感受四季的冷暖变换,体验生活的千姿百态,追求人生幸福的种种可能。珍惜自己,拥抱青春!

八年级 7

最好的对手是强手
主题班会设计方案

一、设计背景

物竞天择,适者生存,这是自然的法则。八年级学生不懂什么才是真正的竞争,他们只知道"羡慕、嫉妒、恨",心理素质脆弱,缺乏真正的竞争意识。让学生理解竞争法则,拥有健康的身心和积极的行动,对他们来说是必要的。

二、教育目标

1. 理解竞争的内涵。
2. 培养学生的竞争意识。
3. 指导学生形成健康的竞争心理和行动。

三、教育过程

(一)引入

"竞争"可以说是"一起努力或一起寻找某些共同的兴趣"。真正的竞争是指在合作实现某个共同目标时,一起工作或努力。竞争需要合作,同样,在竞争中若能真正遇到一位强有力的对手,对我们来说是一件幸运的事情,因为真正的对手,是成就梦想的另一只手。

(二)分析现状

有的学生对竞争采取无所谓的态度,进取心不强;有的学生一参与竞争就过度紧张、不安;有的学生一旦竞争失败就垂头丧气。

教师:大家能不能帮着分析一下,问题到底出在哪里?

（三）讨论

教师：怎么才能够真正培养我们的竞争优势及竞争力呢？

根据生物学家的观察，把一条鱼放在鱼缸中不如把三条鱼放在鱼缸中的生存时间长。因为后者在一种"竞争氛围"中，越活越有"战斗力"。参与竞争是提高我们心理素质，培养创新意识，锻炼能力，增长才干的重要途径。

（四）进一步讨论

1. 庞涓和孙膑的故事。
2. 有一句名言说："生活是一个宏伟的竞技场，大家尽可以在那里进行争取胜利的较量，但必须老老实实地遵守比赛规则。"
3. 你认为竞争应该遵循什么样的规则呢？

（学生分组讨论，小组发言）

(1) 竞争应该是有序的。
(2) 竞争应该是在尊重对方的前提下进行的。
(3) 竞争应该是公平公正的。
(4) 竞争应该是高效双赢的。

（五）故事中的思考

教师：下面的故事告诉了我们什么道理？

在一个牧场上，常有狼叼羊吃。牧场主便请来猎手，用了整整一个冬季把狼患彻底消除。可是过了不久，羊群开始流行疫病，并大批地死掉，比遭受狼患的损失还大。牧场主虽然请来医生对羊群治病防疫，但是，疫病还是不断发生，苦恼的牧场主只好请来专家会诊，专家的结论却是"请"几只狼来，放回到附近的山里去。狼来了，羊群真的又恢复了往日的活力。原来，狼是羊群奋力奔跑的动力。狼的骚扰，使羊群常常奋力奔跑，羊因此长得格外健壮，老弱病残的羊则填入狼口，疫病也就不会生了。

（六）生活中的思考

教师：下面的场景大家或许似曾相识，请看完后谈一谈你的感想。

情境：小英在月考中意想不到地考了第一名，小兰气不过自己的第一被别人抢走，逢人便说："她小英有什么了不起，说不定是偷看的。"以后的日子，她便处处与小英对着干。

(七)寻找对手

教师:金庸小说中有一个人物叫独孤求败,这个人剑技超常,一生只求一败,却无对手,最后隐居深谷,与金雕为友。不过在我们生活中,对手还是有的。马上要考试了,请同学们给自己寻找一个竞争对手,并在便利贴上写一句话送给对手。

(学生寻找对手,写好送给对手的话,由班主任和班长负责交到挑战对手手里。)

(八)挑战自我

教师:下面请大家列一张清单,看看自己有哪些不足之处,并选择你认为最重要的一条,写出你弥补不足的具体做法,并从现在起落实到行动,争取有大的突破。

(学生思考,完成清单,并提出自己的努力方向。)

(九)总结

真正的对手是强手,没有强大的对手也不会有我们更大的进步。竞争的真正目的是开发我们生命的潜能,让身心自由舒张,幸福成长。如果真能做到这一点,请大家记住:在你举手为别人鼓掌时,也把掌声送给自己吧,因为你已经真正懂得什么才是竞争,你会飞得更高,飞得更远。

八年级 8

化解人际冲突
主题班会设计方案

一、教育目标

1. 知识目标:认识到有些冲突是突发和临时的,可能无法避免,但是很多冲突是可以通过努力预防和避免的;了解冲突发生的原因;掌握正确处理与他人冲突的一些方法。

2. 能力目标:学会正确处理冲突的方法,运用这些方法解决自己遇到的冲突。

3. 情感、态度与价值观目标:学会宽容和欣赏他人。

二、教育重、难点

重点:掌握正确处理与他人冲突的一些方法。

难点:在生活中能运用学到的方法解决遇到的人际冲突。

三、教育过程

(一)创设情景,导入新课

热身活动:大家首先伸出两手,将中指向下弯曲,将中指的第二指节对靠在一起。然后将其他手指分别指尖对碰。请确保在游戏过程中,中指始终紧靠在一起,其余手指只允许一对手指分开。请张开你们那对大拇指,合拢大拇指。张开食指,合拢食指。张开小指,合拢小指。最后请试着张开无名指。

教师:情况如何?在学习生活中,有没有人像今天的无名指一样和你紧紧贴合在一起,与你共享欢乐,分担痛苦?

教师:朋友与我们如影相随,密不可分,每个人都希望和自己的朋友融洽相处,但好朋友的相处过程并不都是一帆风顺的。如果我们和好朋友出现了矛盾该怎么办呢?今天我们一起来探究,如何化解人际冲突。

(二)巧设活动,体验探究

1. 情景剧:可乐风波。

教室里,学生小军买了一杯可乐,放在桌角。学生小明从室外进来,一不小心把桌子上的可乐打翻了。

小军(怒目):有病啊！为什么打翻我的可乐？

小明(生气):咦,谁叫你把杯子放这里？

小军:这是我的桌子,我想放哪儿放哪儿！你打翻我可乐,必须道歉、赔偿！

小明:没门儿！都怪你自己没放好,还要我赔,神经病！

小军(举拳):你竟然骂人！

小明(昂头):就骂了,怎么样？神经病！

小军(晃拳):你再骂一句！

小明(正面对立):你脑子有毛病,怎么样？哼！谁怕谁呀！

(两个人恨意顿生,扭打在一起。)

2. 小组讨论。

问题一:这两位同学争吵的原因是什么？冲突一般会发生在什么地方？

问题二:这些矛盾会导致怎样的后果？

提示:关系破裂,伤病,经济负担,法律责任等。

问题三:你有什么好的方法预防这类事情的发生？

教师:两人之间突发和临时的冲突可能无法避免,但是很多冲突是可以通过努力预防和避免的。礼让、换位思考、道歉……同学们给出了很好的答案。那么遇到矛盾冲突,我们该如何处理才能让矛盾不升级,不变成大事件,能大事化小,小事化了？这就需要我们学习化解冲突的策略。

3. 听故事:《爱发脾气的小男孩》。

从前有一个小男孩爱发脾气,他对所有人都发脾气,包括爷爷、奶奶、父母、兄弟、姐妹,他自己也想要改变这样的状况,于是去问爸爸他该怎么办。父亲把他叫到院子的篱笆前对他说:"孩子,你以后每发一次脾气,就在篱笆上钉一个钉子。"小男孩想这有何难,就答应了父亲。于是小男孩每发一次脾气就在篱笆上钉一个钉子。有一天他来到篱笆旁看见篱笆上钉满了钉子,他没有想到他竟发过这么多次脾气。这时,父亲走了过来,对他说:"要想让这上面的钉子消失,以后你有一天没发脾气就可以拔掉一个钉子。"小男孩点头答应了。从此他就克制自己,经过不断努力终于把篱笆上的钉子全拔掉了。

这时的小男孩已经学会了控制怒火,再也不乱发脾气了。父亲对他说:"你看篱笆上虽然没有了钉子,却留下了钉子钉出来的洞,那是用什么也弥补不了的。就像你每发一次脾气对他人造成的伤害,不是说声对不起就能解决的,那里会永远留下一个伤疤。"

（三）探索化解冲突的策略

1.等待怒气消退。

2.双向沟通。

3.错在自己则勇于承认错误。

4.错在对方则宽容待人。

（四）总结

冲突并不可怕,只要我们冷静应对、包容大度,带着尊重和真诚去面对问题,就能及时化解矛盾,营造良好的人际关系。

八年级 9

男生女生
主题班会设计方案

一、教育目标

1. 指导学生正确认识异性交往是人际交往中的重要内容。
2. 指导学生学习正确的异性交往原则。
3. 指导学生进行健康、阳光的异性交往。

二、教育重点

指导学生进行健康、阳光的异性交往。

三、教育过程

（一）故事导入

有一个虔诚的基督徒一心想把儿子培养成像他一样的人——专心信仰上帝，没有任何其他的私心杂念。于是，他把儿子与外界隔离开来，以避免一切诱惑。儿子长到16岁，除了上帝，什么都不想。父亲想：看来儿子已经修炼成功，可以出去了。

一天，他带儿子进城，头一次见到外面的世界，儿子一时反应不过来，很木讷。可当看到女人时，儿子眼睛为之一亮，问父亲："爸爸，这是什么？"父亲很不高兴地说："绿鹅。"傍晚要回家的时候，父亲问儿子："你想买点什么东西回去？"儿子毫不犹豫地说："绿鹅！"

这个故事让我们明白：人们对异性与生俱来就有一种好奇心，有想了解异性的愿望，这是一种自然的心理需要。青春期的孩子渴望、喜欢与异性同学交往，是青春期孩子心理、生理走向成熟的必然结果，是一种正常的自然表现。

（二）如何看待异性交往

教师：你如何看待异性之间交朋友的益处？

1.有利于智力上的取长补短

心理学研究表明,男女智力虽没有高低之分,但是类型却有差别。男生往往比较喜欢数学、物理、化学等学科,女生则比较喜欢语文、外语等学科。通过交往,男女生均可以从对方那里取长补短,从而有助于提高自己的智力活动水平和学习效率。

2.有利于个性上互相丰富

在生活中人们不难发现,交往范围广泛,不仅有同性朋友且有异性朋友的人,性格相对来说比较豁达开朗,情感体验比较丰富,意志力也较强。反之,只在同性圈子里交往,人的心理发展往往是片面的。

3.有利于活动中互相激励

"异性效应"是一种普遍存在的心理现象。有两性共同参加的活动,较之只有同性参加的活动,参加者一般会感到更愉快,表现也会更出色,并被激发起内在的积极性和创造力。

(三)男生女生交往有礼

1."无礼"行为

案例:安徽某17岁少女拒绝同学求爱惨遭毁容。

教师:大家讨论,有什么感想?

2.交往有礼

在异性交往中,一定要举止得体、彬彬有礼、文雅大方。男生不要与女生凑得太近,也不能用手随意触碰女生。男生或女生背后议论、贬低对方,给对方的长相、身材、性格打分都是不礼貌的行为,会伤害同学的自尊心,妨害异性同学间的友谊。

(四)情景思辨,共同探讨

教师:分析几道情境思辨题,探讨异性之间该如何交往。

情景一:一位男生和一位女生关系很好,经常单独在一起,很少参加集体活动。

提示:无论从哪个角度说,异性交往都是比较敏感的,他俩应保持公开交往,积极参加集体活动,既防止友谊变质,又能打消他人的疑虑,这样也会减少许多麻烦。

情景二:班里有位女生很胆怯,从不和男生说话,每次必须需要男生帮助时,总是先求助于班里别的女生。

提示:如果有同学很胆怯,我们应该主动帮助她,主动一点,体现自己的风度。在交流中,大家一起成长。

情景三:一位女同学在课本中发现了班上的一位男同学写给自己的纸条,大意是说男同学很喜欢女同学,并约女同学放学后到公园谈心。

提示：男女同学之间的情感，需要慎重对待、理智处理。拒绝，是一种好的选择，但如果方式不当，太生硬，你也从此失去了一位好朋友。因此用一封书信委婉地拒绝，不失为一种聪明的选择。

（五）总结异性交往原则

公开交往，坦然交往，等距离交往；彼此尊重，把握分寸。

（六）朗诵诗歌，情感升华

一起高声朗读著名诗人汪国真的《妙龄时光》。

> 不要轻易去爱
> 更不要轻易去恨
> 让自己活得轻松些
> 让青春多留下些潇洒的印痕
> ……

（七）总结

纯洁的男女友谊是幸福与力量的源泉。愿美好甜蜜的友谊，保留在幸福的记忆里，充盈在未来岁月中。同学们，用我们青春的画笔，把我们的友谊、真诚、纯真、激情、执着、梦想都画进我们绚丽多姿的青春画卷里吧。祝愿大家青春无悔，友谊地久天长！

八年级 10

正视挫折
主题班会设计方案

一、教育目标

1. 教育学生认识到挫折不可避免。
2. 指导学生正确对待挫折。
3. 激励学生树立正确的成功观。

二、教育重点

指导学生学会正确对待挫折。

三、教育过程

（一）学生自由谈：成长中遇到哪些烦恼

产生烦恼的原因是遇到挫折，感到了"挫折感"，遭遇种种干扰和障碍，致使无法实现目标。

（二）分析心理挫折的表现

1. 学习方面：学习成绩达不到自己的目标；学科发展不平衡；学习成绩下滑等。
2. 人际关系方面：受到老师批评；经常受到同学的排斥、讽刺；交不到可以讲心里话的朋友；父母的教育方式不当；亲子关系不良等。
3. 兴趣、愿望方面：自己的兴趣得不到老师和家长的支持，而受到过多的限制和责备。
4. 自我尊重方面：得不到老师和同学的信任，常受轻视和委屈；自我感觉表现好而没评上星级学生、三好学生等。

(三)面对挫折的心理反应

1. 升华。如有些同学对班里的成绩优秀者存在嫉妒心理,但他不会将这种情绪表现出来,而是将其作为促使自己奋发的动力,这便是升华的表现,具有积极意义。

2. 认同。当一个人在生活中无法获得成功感时,可将自己想象成其他成功的人,借以在心理上分享他人的成功感,从而消除因挫折而产生的痛苦,从而激发奋发向上的决心。

3. 补偿。指个体在追求目标、理想的过程中受挫后,改变活动方向,以其他可能成功的活动来弥补。

(四)如何正确面对挫折

1. 意识到挫折的存在性:意识到挫折是客观存在的,人生并非处处美好、舒适,从而在心理上做好准备。

2. 意识到挫折的两重性:挫折的结果一方面可能使人产生心理的痛苦,行为失措;另一方面它又可给人以教益与磨炼。中学生应以乐观的态度对待生活中的挫折。

3. 保持适中的自我期望水平:八年级学生正值精力充沛、朝气蓬勃的青春年华,生活充满了希望和幻想,对学习和生活难免抱有较高期望和较高要求,在学习和生活中应根据自己的实际情况确定具体可行的目标,保持中等期望水平,同时注意不可轻易否定自己。

4. 培养积极乐观的人生态度:挫折对弱者而言是巨大的精神压力,对强者而言是勇往直前的动力,要树立坚定的目标,培养乐观精神,从逆境中奋起。

5. 创设条件,改变环境:情绪反应总是在一定的社会情景中产生的。因此改变挫折引起的环境,转移注意力,就可以达到消除消极情绪的效果。

6. 合理的宣泄:人们在遭受挫折时产生的紧张情绪,必须经过某种形式得到发泄,否则积累过多,容易导致精神失常。

7. 寻求心理咨询:寻求心理工作者的帮助。通过个别交谈,排除心理障碍,达到摆脱矛盾,稳定情绪的理想效果。

(五)战胜挫折的故事

贝多芬,一位被誉为乐圣的伟大音乐家,他的一生充满了挫折与磨难,但他凭借着顽强的意志和对音乐的无限热爱,战胜了命运的不公,留下了无数震撼人心的经典之作。

贝多芬出生于德国波恩的一个平民家庭,自幼便展现出了非凡的音乐天赋。父亲对他期望甚高,常常对他进行严厉甚至残酷的训练。尽管童年充满了艰辛,但贝多芬的音乐才华在艰苦的环境中逐渐崭露头角。

然而,命运似乎总是喜欢捉弄这位天才。在他26岁时,贝多芬开始逐渐失去听力。对于一个音乐家来说,失去听力无异于失去了生命中最宝贵的东西。起初,他试图隐瞒这个可怕的事实,独自默默地承受着痛苦。但随着病情的不断恶化,他再也无法掩饰。这对于热爱音乐、视音乐为生命的贝多芬来说,无疑是一个沉重的打击。

他陷入了极度的绝望和痛苦之中,曾一度想到了自杀。但内心深处对音乐的强烈热爱和对艺术的执着追求让他重新振作起来。他在给朋友的信中写道:"我要扼住命运的咽喉,它决不能使我完全屈服。"

贝多芬以惊人的毅力继续创作。在完全失聪的情况下,他凭借着内心的听觉和对音乐的深刻理解,创作出了一系列不朽的杰作。《命运交响曲》就是在这样的困境中诞生的。那激昂的旋律,仿佛是他在向命运发出的挑战和怒吼,表达了他不向命运低头的坚定决心。

创作过程充满了艰辛。由于无法听到声音,他只能通过触觉来感受琴键的振动,依靠记忆和想象力来构思音乐。为了准确地表达内心的情感,他一遍又一遍地修改乐谱,常常工作到深夜。每一个音符,每一段旋律,都凝聚着他无尽的心血和努力。

除了听力的丧失,贝多芬的生活也充满了其他的挫折。他的爱情道路崎岖坎坷,多次恋爱都以失败告终;经济上也时常陷入困境,不得不为了生计而奔波。但这些挫折都没有阻挡他前进的脚步,反而激发了他的创作灵感。

《英雄交响曲》《田园交响曲》等作品相继问世,这些作品不仅展现了贝多芬卓越的音乐才华,更传递了他坚韧不拔的精神力量。他的音乐激励着无数人在困境中勇往直前,永不放弃。

最终,贝多芬在贫病交加中离开了人世。但他留下的音乐作品却永远闪耀着光芒,成为了人类文化宝库中的瑰宝。他用自己的一生诠释了什么叫做真正的坚强,什么叫做战胜挫折。

贝多芬的故事告诉我们,无论面对多大的困难和挫折,只要我们拥有坚定的信念和不屈的精神,就能够在逆境中崛起,创造出属于自己的辉煌。正如他的音乐一样,永远激励着我们在人生的道路上奋勇前行。

(六)祝愿

祝愿全班同学都能成为意志坚强、成功自信的人!

八年级 11

中学生如何建立良好的人际关系
主题班会设计方案

一、设计背景

进入八年级后,学生情绪不稳定,人际交往也变得困难,在心理上会产生许多焦躁与不安,在日常生活中可能因沟通不畅,方法不当而造成与他人的隔阂或误解。

二、教育目标

1. 帮助学生认识并理解人际交往的重要性。
2. 引导学生体验人际交往的相关技巧。

三、教育重、难点

重点:引导学生学习、体验相关的人际交往技巧。
难点:指导学生掌握相关的人际交往技巧并学会在生活中运用。

四、教育过程

(一)介绍一则广告,导入课题

我们在寻找一种温暖,然后让幸福像孩子一样。世界那么大,只要我们心在一起,爱会一步一步向上升,希望充满灿烂天地。世界那么大,只要我们心在一起,爱会让每个角落发光,你的未来,你听见了吗?只要我们心在一起,爱会让每个角落发光。

(二)分析人际交往的定义及主要对象

所谓人际关系就是人与人之间通过一定方式进行接触,从而在心理上和行为上发生相互影响的过程。在交往的基础上形成的人与人之间的心理关系,称为人际关系。中学生的人际交往对象主要有:父母、老师及同学。

(三)如何建立中学生良好的人际关系

1.聊天游戏

学生两人一组,用以下话题进行聊天。

(1)自己喜欢吃的东西(面对面)。

(2)喜欢看的课外书(背对背)。

(3)将来希望做的工作(一人站一人坐)。

教师(提问):哪种交谈方式比较舒服?有什么感受?

教师(总结):从这个游戏中,我们不难发现人际交往需要平等尊重,同学交往要有适当的距离,要认真倾听。所谓倾听,不仅仅是听听而已,还要借助言语的引导和表情神态的示意,使对方感觉到你在认真听,并理解他的意思。

2.讲故事:《天堂和地狱的故事》

有一个人问上帝,他想知道天堂和地狱到底是什么样子。于是上帝就说先让他去看地狱,他来到一间房间,里面有一个长条形的桌子,桌上摆满了各种美味的食物。桌子旁边坐满了人,每个人都面黄肌瘦。他们每人手里都有一双很长很长的筷子,他们尽力想把夹起的菜喂到自己的嘴里,可是由于筷子太长,没有一个人能把菜喂到嘴里,所以这个房间所有的人都是非常痛苦的样子,看着好吃的菜却吃不到!然后他来到隔壁的房间,看到的是同样的长条桌子,同样很好吃的菜,同样的每人拿了一双不可能喂到自己嘴里的长筷子,不同的是他们都非常开心!因为他们都把自己夹起的菜喂到了别人的嘴里,所以大家都吃到了美味,而且人与人之间也非常友好!

教师(提问):为什么一样的待遇和条件,天堂的人快乐幸福,而地狱的人却那么悲惨?

提示:关爱他人,帮助他人,为他人着想的善良……

3.短剧:《冲突》

课间操铃响了,同学们急急忙忙外出去做操,杨艳不小心将坐在第一排的王思雨的文具盒及课本碰掉了,因人多外出,杨艳没顾上捡起,想着等操做完再回来捡。但做完操之后,最先进来的是王硕,她第一眼就看到了散落一地的文具和课本,正要帮忙去捡,这时王思雨进来了,看到此景,就立刻生气地对王硕大吼起来……

感受分享:学会说话,控制情绪……

4.案例分析

中学生陈果是独生子,平时父母非常宠爱他。近来,父母发现他的学习成绩大幅度下降,并且神情恍惚,而且还经常收到来历不明的书信和电话。陈果父母非常担心,于是他们偷偷拆看陈果的信件、偷听他的电话,看看最近到底发生了什么事,以便对症下药。父母偷听电话和偷拆了陈果的信后被他发现了。从此,陈果不再理睬父母,和父母闹起了情绪。

教师:如果你是陈果的朋友,让你去做陈果的思想工作,你将和他谈些什么呢?你的观点是什么?

5.分组讨论

(1)如何与父母沟通?

提示:尊敬父母,态度温和,主动交流,认真倾听……

(2)分组讨论:如何与老师沟通?

提示:尊敬老师,正确对待老师,勤学好问,虚心求教……

(四)总结

希望我们都能够掌握简单而又实用的人际交往技巧,并充分灵活地运用于我们的生活中,从而帮助我们更好地进行人与人之间的交流沟通。(背景音乐:《相逢是首歌》)

八年级 12

学会宽容与理解
主题班会设计方案

一、教育目标

1. 教育学生认识宽容与理解在人际交往中的意义。
2. 指导学生运用正确的方法化解人际交往中的矛盾。
3. 教育学生在学习生活中学会宽容与理解。

二、教育重点

教育学生在学习生活中学会宽容与理解。

三、教育过程

(一)心理测试,认识宽容理解

下面,我们来做一个心理测试,这里有一份关于宽容度的心理测试题目,请大家抱着实事求是的态度来完成。

请对下列问题做出"是"或"否"的选择。

1. 有很多人总是故意跟我过不去。
2. 碰到熟人,当我向他打招呼而他视若无睹时,最令我难堪。
3. 我讨厌和整天沉默寡言的人一起生活、工作。
4. 有的人哗众取宠,说些浅薄无聊的笑话,居然能博得很多人的喝彩。
5. 现实中空虚无聊的人比比皆是。
6. 和目中无人的人一起学习真是一种痛苦。
7. 有很多人自己不怎么样却总是喜欢嘲讽他人。
8. 我不能理解为什么喜欢出风头的人总能得到重用。
9. 有的人笨头笨脑,反应迟钝,真让人不舒服。
10. 我不能忍受上课时老师为迁就差生而把讲课的速度放慢。

每题答"是"记1分,答"否"记0分。各题得分相加,统计总分。7—10分,说明你需要在学习生活中增强灵活性,培养宽容精神;4—6分,表明你具有常人的心态,尽管时时碰到难相处的人,有时也会被他们的态度所激怒,但总的来说尚能容忍;0—3分,说明外界的纷繁复杂很难左右你平和的心态。

(二)分析宽容理解

唐太宗的故事

敬德和寻相是向唐太宗投降的两名大将,都被唐太宗重用。可时间不长,寻相叛乱了,众将多疑心敬德也将要叛乱,就囚禁了他,还建议唐太宗杀了他。唐太宗对众将领说:"他如果要叛乱,难道还会落在寻相的后边吗?"然后就下令放了敬德,并安慰道:"大丈夫以意气相许,请不要将这点小误会放在心上,我绝不会听信旁人之言加害忠良勇士的。"敬德深受感动,以后为唐太宗屡建奇功。

小佳的故事

小婷是班里的一名贫困生。再过几天就是小婷的生日了,小佳和几个同学在商量要送她点小礼物,使她感受到同学的爱心和关怀。这天,她们正在商量这事,小婷突然推门进来,大家都不说话了。小婷进门的瞬间隐约听到她们在说有关自己的事,见大家见到自己就都不说话了,便误以为是她们在背后议论自己,心中很不悦。于是她说道:"有什么话当面说,别底下嘀嘀咕咕。好话不背人,背人没好话!"说完就摔门出去了。圆圆生气地要追出去与她理论,小慧拦住了她。生日那天,小婷照样收到了小慧她们的礼物。微笑之中,小婷眼里闪烁着泪花,那是感激,更是愧疚。

教师:在这些故事中,你体会到宽容是什么了吗?

提示:宽容是一种气度,是一种胸怀,是一种智慧,是一种境界……

(三)学会宽容理解

案例一:

学生A、B均为独生子女,各自在原就读的学校被老师誉为品学兼优的学生,二人都以优异的成绩进入高中,在同一个班学习。一天下课,A从座位走出教室,不小心将B新买的文具盒碰翻在地,文具撒落一地,A一边说"对不起"一边弯腰捡文具。这时B不由分说,跑到A座位上,将其所有的书和文具都丢在地上。这时A一怒之下将已经捡起来的文具丢在地上……

案例二：

一位老妈妈在她50周年结婚纪念日那天,向来宾道出了她保持婚姻幸福的秘诀。她说:"从我结婚那天起,我就准备列出丈夫的10条缺点,为了我们婚姻的幸福,我向自己承诺,每当他犯了这10条错误中的任何一条的时候,我都愿意原谅他。"有人问,那10条缺点到底是什么呢？她回答说:"老实告诉你们吧,50年来,我始终没有把这10条缺点具体地列出来。每当我丈夫做错了事,让我气得直跳脚的时候,我马上提醒自己:算他运气好吧,他犯的是我可以原谅的那10条错误当中的一条。"

(四)学以致用

1.我们学习生活中有哪些包含宽容胸怀的行为？请举例说明。

2.这些宽容的行为给我们带来了什么好处？怎样学会宽容理解？

(五)总结

宽容能让我们的世界更开阔,理解能让我们的距离更亲近。只要我们学会宽容理解,我们就能携手并进,健康成长！

八年级 13

成功与失败
主题班会设计方案

一、教育目标

1. 教育学生以正确的态度对待成功与失败。
2. 指导学生把握成功的要素。
3. 激励学生努力进取走向成功。

二、教育重点

激励学生努力进取走向成功。

三、教育过程

（一）引入

教师：同学们有过成功和失败的经历吗？请大家说出来。

（二）故事中体会我们对待失败的正确态度

一个旅行者在行进的途中，突然改变了原来所选择的路线，决定抄近道前往目的地。没想到在他穿越那片看似很平坦的草地时，没走几步，脚就被什么东西绊了一下，让他摔了个跟头。对此他没太在意，从草地上爬起来，他揉了揉有点疼痛的膝盖，继续前行。但没走出几十米，他又结结实实地摔了一跤。这一回，他没急着站起来，而是倒在那里，一边揉着受伤的腿，一边仔细地打量脚下的草地。

原来，绊倒他的是一个草环，那是一种丛生植物以极坚韧的枝蔓形成的一个很隐蔽的草环，在他跌倒的周围有很多很多这样的草环，行人稍不留意，就会绊一个跟头。等他坐起来，将目光再往前延伸，不由得大吃一惊、前方不远，在繁花绿叶间竟是一片可怕的沼泽。

转到另一条安全的路上后他仍在庆幸刚才那个跟头，更庆幸自己没有像第一次那样漫不经心地急于爬起来赶路，而是仔细查清了让自己跌倒的原因，还认真地打量了一下自己原本自信的道路。

事后,这位旅行者听说,那片隐藏在草地深处的沼泽,不久前还吞噬了两个粗心的过路人呢。

记住,在你前进的征途上跌倒的时候,千万别急着爬起来,不妨看看是什么绊住了自己。只有找到让你摔倒的原因,才能让你不再重蹈覆辙,让你避免更大的伤害。因为成功不仅仅需要信心、激情和坚韧,还需要清醒的头脑,需要理智的选择。

(三)成功的要素

1.清晰的目标

有人做过调查,有3%的人25年来几乎都不曾更改过自己的人生目标,他们始终朝着同一个方向不懈地努力。25年后,他们中的多数人成了社会各界的成功人士。有60%的人,没有清晰的目标,几乎都生活在社会的中下层。他们能安稳地生活与工作,但都没有什么特别的成绩。剩下37%的人,完全没有目标,他们几乎都生活在社会的最底层,他们的生活都过得很不如意,常常失业,靠社会救济,并且常常抱怨他人,抱怨社会。

2.努力克服坏习惯

有些同学上课有时还会打瞌睡,他们也一直在想办法把懒惰的习惯改掉,但是,直到现在还没完全改掉。有些同学本来有目标、有计划,准备努力学习,但回家后,发现电视节目很精彩,制订好的计划就被忘掉了。所以自觉自律的好习惯少不得啊!

3.遵守规则

事例:哈佛的理念,规则第一。

4.优秀的人品

根据某心理学教授多年的研究成果,事业的成败在于人品优劣。成功有八大要素:(1)待人处世温文尔雅;(2)注重友情、热心;(3)与人真诚合作;(4)仪表大方;(5)人格平衡发展;(6)富于想象力;(7)有克服任何困难的勇气;(8)有必胜的坚强毅力。失败有九大因素:(1)言行孤僻,不善与人合作;(2)言而无信;(3)脾气古怪无常;(4)处事敷衍,工作丢三落四;(5)自负,目空一切;(6)惹是生非,胆大妄为;(7)看不起别人,自诩天下无双;(8)不求进取,懒惰;(9)不尊重别人的建议,亦不接受别人的意见。

成功的人最重要的是高尚的品格和健康的身心,事业上的失意者大都是由于品格低劣及不能自我调节。

(四)总结

让我们紧握成功密码,从现在做起,瞄准目标,追求进步,勇于超越。

八年级 14

谈谈考试
主题班会设计方案

一、教育目标

1. 教育学生正确认识考试焦虑。
2. 指导学生掌握消除考试焦虑的方法。
3. 教育学生正确应对考试。

二、教育重点

教育学生正确应对考试。

三、教育过程

（一）案例引入

某班有一位学生，该生平时上课表现不错，认真听讲，积极思考，且思维活跃，对某些问题能提出自己独到的见解，经常受老师的表扬。作业完成的质量很高，字迹端正，正确率高。同学遇到难题也喜欢向他请教，他也竭尽所能地帮助那些有困难的同学。奇怪的是一到期中、期末等重要考试，他平常那股沉着、敏捷劲儿便无影无踪了，平时很容易解决的问题，这时却怎么也解不出来，或者答案错误百出。面对这种情况，他心急如焚，拼命地想在学习方法上找出原因，在身体状况上找出原因，但都无济于事。为此，他陷入了极度的苦恼之中，学习成绩更是每况愈下，原来那个活泼开朗、聪明可爱的学生不见了。正如该生自己所说，"我很苦恼。为了解决考试问题，我每天冥思苦想。我不知道自己是否得了'考试焦虑症'，因为尽管在考前我再三告诫自己不要慌，但一到考场却总是心神不定。"

（二）分析：什么是考试焦虑

考试焦虑是学生中常见的一种以担心、紧张或忧虑为特点的复杂而延续的情绪状态。当学生意识到考试对自己具有某种潜在威胁时,就会产生焦虑的心理体验。

1.焦虑的分类

(1)中度(适度)焦虑:能起积极作用,使人在复习时更专心、考试时更细心。

(2)低度焦虑:人会过度放松,无所用心,不求上进。

(3)高度焦虑:人会紧张,出现复习时静不下心,注意力分散,记忆力下降,考试时记忆受阻,思维僵滞,头脑一片空白等现象。

2.考试焦虑的一般表现

(1)躯体异常:失眠多梦,头晕头痛,恶心呕吐,面色苍白,四肢发凉,胸闷气短,食欲减退,肠胃不适,频繁小便等。

(2)心理异常:紧张、担心、恐惧、忧虑、注意力差、记忆力减退、学习效率下降,情绪抑郁、缺乏自信和学习热情,过度夸大失败后果,常有大难临头之感。

(3)行为异常:拖延时间,逃避考试,坐立不安,怕光怕声,考试时思维混乱,手抖出汗,视力模糊等。

3.高度焦虑的危害

(1)容易分散注意力。

(2)干扰记忆。

(3)对思维过程有阻断作用。

(三)如何克服考试焦虑

自我暗示法,睡眠消除法,运动消除法,兴趣消除法,情绪宣泄法,游戏转移法,食疗法,音乐疗法。

(四)介绍考试的应对方法

1.考前——信心

精神饱满进考场,轻轻松松看试卷,认认真真做题目。

2.考中——细心

审视题目莫紧张,看清要求莫浮躁,写全过程莫跳跃,仔细检查莫遗憾。

基础题不大意,拿足分;中等题不麻痹,拿稳分;偏题难题不急躁,拿本分。

3.考后——恒心

考后不去想,准备下一场;考分虽是宝,提升更重要;考好莫骄傲,有人比我好;考差莫泄气,下次再努力。

(五)养成良好的考试习惯

考试成绩与考试习惯之间有着密切联系,养成良好的考试习惯,就应该要求自己把平时的每次答题都当作正式考试来认真对待。

1. 拿到试卷后应先把全卷浏览一遍,并大致估算一下完成每一部分试题需花的时间。

2. 试题的设置往往由易到难,所以应从头开始答题,这样有利于保持良好的解题心态。

3. 遇到难题时切忌"卡壳",可跳过难题先做其他题目,等全卷完成后再答难题。

4. 将解题的辅助条件列在草稿纸上有助于消除紧张感,以便集中注意力进入解题状态。

5. 验算时应注意简单的题目,因为这样的题目往往容易出错。

6. 养成答题时不受干扰的心态,不必要求周围绝对安静,这样可以练就在一般环境下专心答题的好习惯。

7. 不论是测验还是考试,结束后不要急于与人对答案,而应集中精力投入下一场考试。

(六)把握考试基本策略

1. 总览试卷。

2. 适度紧张。

3. 草稿纸有序使用。

4. 看分用时。

5. 先易后难。

6. 简明扼要。

7. 卷面整洁。

8. 不提前交卷。

(七)总结

希望同学们明确目标、增强信心、扎实行动,在考试中见证我们的付出,在考试中绽放我们的精彩!

八年级 15

遵纪守法,做合格中学生
主题班会设计方案

一、教育目标

1. 教育学生认识纪律的重要性。
2. 教育学生遵纪守法。
3. 引导学生杜绝不良行为,远离违法行为。

二、教育重点

教育学生遵纪守法。

三、教育过程

(一)了解法律常识

违法,指违反法律规定,危害国家、社会和公民利益,依法应当承担法律责任的行为。

犯罪,指严重危害社会,触犯刑法,应当受到刑事处罚的行为。

(二)数据分析:青少年与违法

据统计,在我国,25周岁以下的人犯罪数占犯罪总数相当大的比例。这些犯罪行为的形成,除了受某些外界因素影响外,青少年的自身原因也很重要。

(三)青少年常见违法行为

1. 打架斗殴

根据《中华人民共和国治安管理处罚法》规定,殴打他人的,或者故意伤害他人身体的,处五日以上十日以下拘留,并处二百元以上五百元以下罚款;情节较轻的,处五日以下拘留或者五百元以下罚款。

有下列情形之一的,处十日以上十五日以下拘留,并处五百元以上一千元以下罚款:

(1)结伙殴打、伤害他人的;

(2)殴打、伤害残疾人、孕妇、不满十四周岁的人或者六十周岁以上的人的;

(3)多次殴打、伤害他人或者一次殴打、伤害多人的。

根据《中华人民共和国刑法》规定,故意伤害他人身体的,处三年以下有期徒刑、拘役或者管制。犯前款罪,致人重伤的,处三年以上十年以下有期徒刑;致人死亡或者以特别残忍手段致人重伤造成严重残疾的,处十年以上有期徒刑、无期徒刑或者死刑。

2.敲诈勒索

敲诈勒索是指以非法占有为目的,对被害人使用威胁或要挟的方法,强行索要公私财物的行为。

根据《中华人民共和国刑法》规定,敲诈勒索公私财物,数额较大或者多次敲诈勒索的,处三年以下有期徒刑、拘役或者管制,并处或者单处罚金;数额巨大或者有其他严重情节的,处三年以上十年以下有期徒刑,并处罚金;数额特别巨大或者有其他特别严重情节的,处十年以上有期徒刑,并处罚金。

3.相关案例

某校学生卓某因被张某殴打,于是卓某把被殴打的事告诉了同班同学姜某等人,要他们第二天晚上晚自习结束后一起找张某算账。次日晚自习后,张某携带一把水果刀走出校门,当卓某看到张某走出校门,随即和姜某等人围住张某,对张某进行殴打,在殴打过程中,张某从口袋里拔出水果刀乱捅,姜某的左胸部被捅中,经抢救无效死亡。

张某因犯故意伤害罪被判处有期徒刑五年。

(四)杜绝不良行为,远离违法犯罪

1.夜不归宿往往使孩子处于危险境地。

2.旷课是孩子走下坡路的信号。

3.酗酒是未成年人犯罪的诱发因素。

4.交友不慎容易走邪路。

5.学坏常从抽烟开始。

6.早恋、意气用事要不得。

7.强拿硬要是犯罪的开端。

8.偷拿家中钱财也是不良行为。

(五)齐读倡议书

1.课堂有纪律,认真听讲,做好笔记,不顶撞老师。

2.课间有秩序,不喧哗打闹。

3.语言有礼貌,不讲脏话,语气和蔼。

4.衣着得体,不盲目追求时尚。

5.心中有他人,不自私,多为他人着想。

6.后进生有进步,要不甘落后,奋起直追。

7.讲究卫生,地上无痰迹、纸屑,墙上无污痕,桌上无划痕,门窗无破损。

8.勤俭节约,不浪费水电资源,发扬刻苦耐劳的精神。

9.不与社会上品行不良的人来往,不上网,不打游戏。

10不抽烟,不酗酒,不斗殴打架。

(六)总结

一些同学身上存在这样或那样不良行为,有时守法和违法之间只有一步之遥。希望同学们珍惜大好时光,把主要精力用在学习、锻炼身体和从事健康、文明的活动上,遵纪守法,珍爱自己的前途,努力做一个品德高尚、意志坚强、勤奋好学的青少年!

八年级 16

锁住"潘多拉魔盒"，莫让手机玩废青春
主题班会设计方案

一、教育目标

1. 指导学生学习教育部关于禁止学生带手机进课堂的通知。
2. 引导学生认识手机的危害。
3. 教育学生正确使用手机，健康成长。

二、教育重点

引导学生认识手机的危害。

三、教育过程

（一）学习教育部文件精神

2018年，教育部等部门印发的《综合防控儿童青少年近视实施方案》就已明确提出，严禁学生将个人手机、平板电脑等电子产品带入课堂。

（二）讨论交流

1. 为什么国家专门发文件禁止中小学生带手机进课堂？
2. 中小学生带手机进校园使用现状调查。

（三）认清"蒙面杀手"

最近疯传一篇文章《欲毁掉一个孩子，就给他一部手机》。该文陈述学生不当使用手机的"十大罪状"。

1. 成绩下滑，学业荒废。
2. 考试作弊，带坏学风。
3. 色情泛滥，腐蚀心灵。

4.谈情说爱,乱交朋友。

5.盲目攀比,不择手段。

6.带坏他人,影响一片。

7.性格冷漠,亲情疏远。

8.身体虚弱,精神失常。

9.近视成灾,影响择业。

10.性格扭曲,频现命案。

(四)"禁"是为了"进"

1."按键手机"男孩

单某,以高分考入清华大学,接到录取通知书的时候,他还在爸爸的工地上汗流浃背地干活。到了学校后,同学问他为什么不加好友,他不好意思地说,自己只有一部破旧的按键手机,连微信都没法安装。而这部手机还是他的父亲为了方便联系,用了三年后送给他的。在高中时代,他学习非常刻苦,尤其对待自己的弱项——作文和英语,经常要抄很多遍,练很多遍才有所提高。他几乎每天都是五点起床,晚上甚至会学习到十二点。他作文写得不好,就自己每天写一篇交给老师批改,集中苦练一个多月终于有所提高。

2.作家王小圈根据付出和回报两个维度建立了一个坐标系。

高付出高回报:称之为"正事"。

低付出低回报:称之为"消遣"。

高付出低回报:称之为"倒霉"。

低付出高回报:称之为"幸运"。

倒霉事没人愿意做,幸运事可遇不可求。

我们主要说说正事和消遣。

高付出和高回报的"正事"有:

想得到名牌大学的入学通知书,需要付出多年的埋头苦读;

想得到高收入的职务,需要付出多年的职场拼搏;

想得到博大精深的学识,需要付出耐心和毅力,勤思考多看书。

低付出低回报的是"消遣":

想得到杀伐决断的快感,只需点开游戏软件;

想得到口腹之快,只需吃一顿丰盛大餐;等等。

消遣只能让人陷入死循环,逐渐麻木。

所以,孩子,请你多做"正事",适当"消遣",这样你才会得到巨大的回报。

你只有通过学习让自己变强,才能在面对生活的刁难时,披荆斩棘。

孩子,愿你多吃学习的苦,这样才有资格享受生活的快乐与自由。

今天吃的苦,明天会成为你通往金字塔顶端的天梯。

(五)总结

愿我们锁住"潘多拉魔盒",远离手机危害,自觉遵守规定,努力学习,为人生打下亮丽厚重的知识底色。

八年级 17

纪律，离不开教育惩戒
主题班会设计方案

一、教育目标

1. 教育学生认识到班级纪律的重要性。
2. 指导学生了解教育惩戒的适用范围。
3. 教育学生正确对待、接受教育惩戒。

二、教育重点

教育学生正确对待、接受教育惩戒。

三、教育过程

（一）引入

纪律有三种基本涵义：纪律是指惩罚；纪律是指通过外来约束来达到纠正目的的手段；纪律是指对自身行为起作用的内在约束力。

这三层意思概括了纪律的基本含义，同时反映了良好的纪律的形成过程是一个由外在的强迫逐渐过渡到内在自律的过程。

（二）分析历史典故中的纪律现象

1. 三国时期的曹操，曾下令，不让将士踩踏庄稼。可是有一次，他的马受惊了，踩倒了一大片庄稼，他要自刎谢罪，然而在将士们的劝说下，他割下了自己的一缕头发。

2. 有一次孙武带着宫女去操练，他定了三条规矩，可是那些宫女操练的时候，还是说说笑笑，不听指挥。孙武很生气，于是把吴王最宠爱的两个宫女杀了，这下其余的宫女们都害怕了，都开始整整齐齐地练了起来。

(三)了解教育惩戒范围

1.学生有下列情形之一,学校及教师应当予以制止并进行批评教育,确有必要的,可以实施教育惩戒。

一是故意不完成教学任务要求或者不服从教育、管理的。

二是扰乱课堂秩序、学校教育教学秩序的。

三是吸烟、饮酒,或者言行失范,违反学生守则的。

四是实施有害自己或者他人身心健康的危险行为的。

五是打骂同学、老师,欺凌同学或者侵害他人合法权益的。

六是其他违反校规校纪的行为。

学生实施了《中华人民共和国预防未成年人犯罪法》规定的不良行为或者严重不良行为的,学校、教师应当予以制止并实施教育惩戒,加强管教;构成违法犯罪的,依法移送公安机关处理。

2.教师在课堂教学、日常管理中,对违规违纪情节较为轻微的学生,可以实施以下教育惩戒。

一是点名批评。

二是责令赔礼道歉、做口头或者书面检讨。

三是适当增加额外的教学或者班级公益服务任务。

四是要求其在当堂课教学时间内在教室内站立。

五是课后教导。

六是学校校规校纪或者班规、班级公约规定的其他适当措施。

教师对学生实施前款措施后,可以以适当方式告知学生家长。

3.学生违反校规校纪,情节较重或者经当场教育惩戒拒不改正的,学校可以实施以下教育惩戒,并及时告知家长。

一是由学校德育工作负责人予以批评教育。

二是承担校内值日、清洁等劳动任务。

三是隔离,避免干扰正常教学活动。

四是停课反省,接受专门教育和反省反思。

五是处分,根据学生违纪情节给予相应处分并记入档案。

六是学校校规校纪规定的其他适当措施。

4.其他情形

(1)教师、学校发现学生携带、使用违规物品或者行为具有危险性的,应当采取必要措施予以制止;发现学生藏匿违法、危险物品的,应当责令学生交出并可以对可能藏匿物品的课桌、储物柜等进行检查。

（2）教师、学校对学生的违规物品可以予以暂扣并妥善保管,在适当时候交还学生家长;属于违法、危险物品的,应当及时报告公安机关、应急管理部门等有关部门依法处理。

（四）讨论:我们应该如何对待教育惩戒

1.教育惩戒是帮助我们认识并纠正违纪违规行为。
2.教育惩戒能维护好班级秩序。
3.教育惩戒可以促使我们增强纪律意识,避免违纪违规行为再次发生。

（五）交流:纪律与自由的关系

（略）

（六）总结

没有严格的学校纪律,必然会影响学生良好习惯的养成,必然会导致学习松懈,违纪成风,我们必须遵守纪律,创造良好的学习、生活环境,最终把纪律约束变为一种自觉的行为,把自觉的行为习惯升华为一种文明素养。

八年级 18

遵纪守法，不越雷池
主题班会设计方案

一、教育目标

1. 帮助学生了解基本法律知识。
2. 教育学生坚守法纪底线。
3. 教育学生遵纪守法，文明向上。

二、教育重点

教育学生遵纪守法，文明向上。

三、教育过程

（一）案例引入

刚放寒假，一名八年级女生去一所中学玩耍，其间产生了一点小矛盾，这名八年级女生就强行将另一名女生的手机抢走。被抢手机的女生随即报案，派出所民警找到抢手机的女生时，这名女生说抢手机只是为了"出气"，根本不知道自己的行为已经触犯了法律，已满14周岁的未成年人实施抢劫的，应当承担刑事责任。

（二）介绍犯罪、刑法、刑罚

犯罪：具有严重社会危害性、触犯刑法并依法应受刑事处罚的行为。

刑法：以国家名义规定什么行为是犯罪和对犯罪分子处以何种刑罚的法律。我国刑法是保护国家和人民的利益、惩治犯罪的有力武器。

刑罚：又叫作刑事处罚、刑事处分，是指人民法院依据刑事法律对犯罪分子实行的一种强制处罚。

（三）案例分析

【基本案情】

某天，何某进入某家属楼王某家中实施盗窃，外出买菜的王某回家后，何某手持王某家的菜刀从厨房走出，以菜刀相威胁将王某逼到南侧卧室，王某进入卧室后将门反锁并向楼下呼救，何某逃跑。

【审理结果】

法庭经审理认为：被告人何某以非法占有他人财物为目的，入户窃取他人财物，并以暴力相威胁，其行为已构成抢劫罪。被告人何某着手实施犯罪，由于意志以外的原因未得逞，属于犯罪未遂，可以从轻或者减轻处罚。当地人民法院判决被告人何某犯抢劫罪，判处有期徒刑五年六个月。

（四）刑罚有哪些种类

主刑：管制、拘役、有期徒刑、无期徒刑、死刑。

附加刑：罚金、剥夺政治权利、没收财产。

（五）刑事责任年龄

其指法律规定的行为人对自己实施的刑法所禁止的行为所应负刑事责任必须达到的年龄。

按我国的相关规定：

1.已满十六周岁的人犯罪，应当负刑事责任，为完全负刑事责任年龄。

2.已满十四周岁不满十六周岁的人，犯故意杀人、故意伤害致人重伤或者死亡、强奸、抢劫、贩卖毒品、放火、爆炸、投放危险物质罪的，应当负刑事责任，为相对负刑事责任年龄。

3.已满十二周岁不满十四周岁的人，犯故意杀人、故意伤害罪，致人死亡或者以特别残忍手段致人重伤造成严重残疾，情节恶劣，经最高人民检察院核准追诉的，应当负刑事责任，为相对不负刑事责任年龄阶段。

4.不满十二周岁的人，不管实施何种危害社会的行为，都不负刑事责任，为完全不负刑事责任年龄。

此外，对依照前三款规定追究刑事责任的不满十八周岁的人，应当从轻或者减轻处罚。因不满十六周岁不予刑事处罚的，责令其父母或者其他监护人加以管教；在必要的时候，依法进行专门矫治教育。

实施犯罪时的年龄,一律按照公历的年、月、日计算。过了周岁生日,从第二天起,为已满周岁。

需要注意的是,法律对于刑事责任年龄的规定可能会根据社会发展和实际情况进行调整和完善,具体的法律适用应以最新的法律条文和司法解释为准。同时,对于未成年人的犯罪问题,法律强调教育、改造和挽救的方针,旨在促进未成年人的健康成长和正确引导。在司法实践中,会综合考虑各种因素,确保法律的公正和合理实施。

(六)我来当法官

1.案例:李某,1983年7月26日出生,自小父母双亡,由祖母抚养。多次盗窃,屡教不改。1999年7月26日又纠集多人,将停在某商场前的运货车上的一箱手机盗走,价值30万元,李某负不负刑事责任?

分析:16周岁以上犯盗窃罪要负刑事责任,李某到1999年7月26日已满16周岁,因此李某应负刑事责任。

2.以下谁应当负刑事责任。

(1)小华,15岁,骑自行车意外撞人致死。

(2)小文,14岁,持刀抢劫。

(3)小东,16岁,破坏公物。

分析:小华骑自行车意外撞人致死,小华不用负刑事责任。理由是,案发时小华不到16周岁,按照我国的刑事年龄的规定,已满十四周岁不满十六周岁的人,犯故意杀人、故意伤害致人重伤或者死亡、强奸、抢劫、放火、贩卖毒品、爆炸、投毒罪的才负刑事责任,其他的案件不用负刑事责任。

小文持刀抢劫,小文要负刑事责任。虽然数额不大,但已经涉嫌抢劫罪。按照我国的刑事年龄规定,已满十四周岁不满十六周岁的人,犯故意杀人、故意伤害致人重伤或者死亡、强奸、抢劫、放火、贩卖毒品、爆炸、投毒罪的,应当负刑事责任。

小东破坏公物案,已满16周岁的小东涉嫌故意毁坏财物罪。按照我国法律的刑事年龄规定,应当负刑事责任,但应当从轻或者减轻处罚。

(七)总结

遵纪守法是每个公民的基本义务,中学正是学法守法、养成文明习惯的关键时期,我们一定要增强法纪观念,掌握法律基本知识,文明守纪,健康成长。

八年级 19

人际交往的"吉祥三宝"
主题班会设计方案

一、教育目标

1.引导学生认识到真诚、尊重和保密是交友的基础。
2.引导学生对人际交往的秘诀做深入的探索。
3.教育学生正确处理人际交往关系。

二、教育重点

引导学生意识到真诚、尊重和保密是交友的基础。

三、教育过程

（一）热身活动

教师首先请大家伸出双手，将中指向下弯曲，将中指的第二个指关节对靠在一起。然后将其他的4对手指分别指尖对碰。确保在游戏过程中，中指始终紧靠在一起，其余手指只允许一对手指分开。

1.请张开你们的一对大拇指，然后合拢大拇指；张开食指，合拢食指；张开小拇指，合拢小拇指。

2.最后请试着张开无名指……

3.分享体会：在你的生活中，有没有这样的人，他像今天的一对无名指一样和你紧紧地贴合在一起，与你共享欢乐，分担痛苦？

4.教师点评：朋友与我们如影相随，密不可分，他们的存在让我们拥有了一种看不见的力量。

（二）人际交往第一宝：真诚待人

1.教师引导：人们对人际交往的敏感度往往超越想象，就连一个人的微笑是真情的流露还是故意装出来的,也能被对方敏锐地捕捉到。

2.教师向学生展示各种微笑的照片,问学生觉得哪张照片里的人笑容最真诚?

3.教师点评:内心对他人有高度的尊重,脸上才会有真诚的笑容。

"真诚"是最受人欢迎的个性品质,真诚使人们对于与自己交往的人怎样对自己有明确的预见性,因而更容易建立起安全感和信任感,而不真诚或欺骗使人感受到焦虑与不安。

(三)人际交往第二宝:给人留面子

1.不要看不起人。

2.在公众场合,不让对方难堪。

3.退两步,留些余地给对方。

4.指出别人毛病不要太直接。

(四)人际交往第三宝:保守秘密

1.教师引导:在我们初中生当中,尤其是女生之间,有一个低级错误时常出现,那就是传闲话。

2.教师播放视频:《小兰的秘密》(略)。

3.教师请学生以小组的形式讨论以下问题:你怎么看小兰朋友的行为?她如此嘴快,你觉得可能有几种原因?

4.全班分享后,教师点评:不为朋友保密,一定会极大地伤害朋友的感情和尊严,辜负他对你的信任,降低你自己的人格。

5.小组训练:如果你遇到下列情境,你将如何控制自己透露他人秘密的冲动?

6.教师请小组中的学生分享自己的想法后,进行点评:一个好的朋友是一个忠诚的人,是一个会替朋友保密的人。

人的内心深处,最敏感、最脆弱的地方,就是自尊心。与人交往,成功的秘诀都在于对别人尊重。所以,时时处处以真诚待人,时时处处顾及对方的感受,时时处处给对方留面子,时时处处尊重对方的隐私,时时处处为对方保守小秘密,这些就是我们青少年在人际交往中走向成熟的指路明灯。

(五)初中生交往原则

一是互益原则。双方在相互交往中都获得了各自的良好的益处。

二是诚信原则。以诚待人,讲求信义是人际交往得以延续和深化的保证。在交往中,只有彼此抱着心诚意善的动机和态度,才能相互理解、接纳、信任,感情上引起共鸣,使友谊巩固和发展。

三是尊重原则。尽管由于主、客观因素影响,人与人在气质、性格、能力、知识等方面存在差异,但在人格上是平等的。只有尊重自己和尊重他人,才能保持人际交往各方的平等地位。

四是宽容原则。宽容表现在对非原则问题不斤斤计较,能够宽以待人,求同存异,以德报怨。宽容有助于扩大交往空间,滋润人际关系,消除人际关系中的紧张和矛盾。在人际交往中,由于个体差异或不可预见的阴差阳错,因误会、不理解而产生矛盾不可避免。我们应该虚怀若谷,宽容别人。

五是适度原则。交往的时间要适度,要防止因过于强调交往的重要性而投入太多的时间和精力。交往的距离要适度,朋友之间保持一定的距离是很必要的,只是不同程度的朋友其距离的大小可以有区别。交往的频度要适度,人际交往,应该疏密有度。

(六)总结

友情不是书,它比书更绚丽;友情不是歌,它比歌更动听;友情应该是诗——有诗的飘逸;友情应该是梦——有梦的美丽;友情更应该是那意味深长的散文,写过昨天又期待未来。

八年级 20

增强自律能力,培养进取人格
主题班会设计方案

一、教育目标

1. 指导学生认识自律的重要意义。
2. 引导学生学会自律。
3. 教育学生增强自律能力,培养进取人格。

二、教育重点

教育学生增强自律能力,培养进取人格。

三、教育过程

(一)讲述体操冠军张某两次入狱的事例

张某,曾入选中国体操队,在世界大学生运动会中表现亮眼,斩获两枚金牌,站上了最高领奖台。后来,有网友在北京、上海地铁站发现了昔日的体操冠军张某卖艺。这位两枚金牌获得者,退役后因为没有谋生的手段,文化程度也不高,身为冠军的他又放不下身段重新开始。后来因为身无分文,而走上了犯罪的道路。

讨论交流:张某从体操冠军变成囚犯,从春风得意的体操冠军,到穷困潦倒的"冠军乞丐",主要原因有哪些?

(二)思考:你如何判断一个人是否具有自律能力

1. 懂得自爱、勇于自省、善于自控

青少年时期是人生的春天,是人的生长时期、打基础时期,同时也是塑造良好心理品质、培养健康人格和高尚道德情操的关键时期,所以我们既要努力学习文化科学知识,又要加强自身的修养,养成自律的习惯,增强自律能力,切不可虚度光阴。

2.懂得自爱,就是要塑造自己良好的形象

一方面,要美化自己的外在形象,另一方面,更应该美化自己的内在形象(品德、理想、学识、个性)。除了自爱,还应该自尊和自强。珍惜自己的名誉,不屈从于艰难困苦,珍爱生命,热爱生活。

3.案例:唐某被北京一所名牌大学录取了,但是上万元的学费让她犯难。一家制药厂得知此事后表示,只要唐某在报刊、广播、电视上说是服了他们厂生产的健脑口服液才考上大学的,就给她一笔巨款。面对这意外的诱惑,唐某立即拒绝了,她说:"如果为了贪图钱财而说谎话,我今后在社会上怎么做人?"

教师:你认为什么是自爱?唐某自爱吗?为什么?

(三)如何做到自律

1.自律的人,能够经常地、冷静地回顾自己的思想和行为,寻找并克服自己的缺点,努力改正错误。

2.自省应该是我们的生活中必不可少的"伴侣"。对自己的言行,要经常进行反省,是优点,则要坚持,要发扬;是缺点、错误,则要及时改正。这是严于律己的表现,是不断取得进步的重要途径和方法。

3.议一议

对照《中小学生守则》《中学生日常行为规范》,当发现自己有缺点、错误的时候,你该怎样做?

4.完成自控力小测验

请对下列题目如实做出"是"或"否"的选择。

(1)星期天复习功课时,容易受娱乐的诱惑而中断。(是/否)

(2)做事情容易受情绪或环境的干扰。(是/否)

(3)学习中遇到困难时,常常叫苦连天。(是/否)

(4)明明知道是自己不对,可就是管不住自己。(是/否)

(5)受到委屈、冤枉时,常常暴跳如雷。(是/否)

(6)遭受失败、挫折时,容易悲观失望。(是/否)

(7)在成绩、成功面前,容易沾沾自喜、骄傲自满。(是/否)

(8)自己制订的学习计划,常常落空,不能实现。

(四)小结:自律表现

1.懂得自爱

(1)自爱就要塑造自己良好的形象。

①要美化自己的外在形象。

②更应该美化自己的内在形象。

(2)自爱,还应该自尊和自强。

2.勇于自省

能够经常地、冷静地回顾自己的思想和行为,寻找并克服自己的缺点,努力改正错误。

3.善于自控

善于自我控制,能够自己对自己进行监督和督促。

(五)拓展

一场慰问第二次世界大战退伍军人的演出正在进行。观众席上第一排坐着两个男人,他们在战争中一个失去了左手,一个失去了右手,他们分别用自己的右手、左手一起合作鼓掌。失去一只手的人还在努力为精彩的表演而鼓掌,健康的人有什么理由放弃为生命喝彩的勇气和机会呢?

教师:读完这个故事后,你有何感受和体会?

(六)总结

自律的程度决定我们理想的高度。让我们在知识的王国里努力拼搏,自尊自律,不断进步,演绎无限精彩的青春华年。

八年级 21

直面挫折
主题班会设计方案

一、教育目标

1. 教育学生正确认识挫折。
2. 指导学生正确对待挫折。
3. 教育学生积极进取,健康成长。

二、教育重点

教育学生正确对待挫折。

三、教育过程

(一)引入

1. 情景体验一

有位学生,在小学时学习成绩一直很好,他自己也很喜欢学习,小学老师经常表扬他。但上了中学后,他发现自己的学习成绩常常排在20名之后,这令他非常惶恐,父母也因他的成绩下滑责备他,他渐渐地对各科考试感到害怕。

2. 情景体验二

放学后,老师发现有位同学总是磨磨蹭蹭不愿回家。后来老师了解发现,原来这个学生的父母离婚了,冷冷清清的家庭令他难受。

(二)什么是挫折

挫折指人们在生活、工作中遇到干扰阻碍、目标不能实现、需要不能满足时产生的一种心理状态。

(三)怎么看待挫折

有人说挫折是无穷无尽的烦恼。

有人说挫折是被击倒后的眩晕。

有人说挫折是充满坎坷的道路。

有人说挫折是一笔宝贵的财富。

挫折是坚韧之石——擦出希望之火。

挫折是希望之火——点燃理想之灯。

挫折是理想之灯——照亮前进之路。

(四)怎样面对挫折

1. 邰某华的故事

邰某华,两岁时,因高烧失聪。15岁开始舞蹈训练,1992年,作为唯一一位残疾人舞蹈家登上意大利斯卡拉大剧院的舞台。1994年,考取湖北美术学院装潢设计系。2000年,在纽约卡内基音乐厅演出。荣获全国残疾人艺术汇报演出一等奖、"奋发文明进步奖"。

2. 麦当劳成功的秘诀。

麦当劳创始人克罗克在52岁那年才创业,之后也经历过数次失败。他说:"当错误发生时,令人莫名痛苦,但经年累月之后,这些错误,我们称之为经验。"

(五)心理顿悟

逆境有时候就如同一把双刃剑,它既可以为我们所用,也可以将我们扼杀。关键要看你握住的是刀刃还是刀柄。

事实上,我们大多数人经过一段时间的努力而没有达到预定目标时,便会开始灰心丧气,认为这件事自己永远办不到,从而忽视了自身力量的壮大和外界条件的改变,于是放弃了实现目标的努力,久而久之形成了思维定式,沉浸在失败的阴影中爬不出来,从而丧失唾手可得的机会,最终一事无成。

(六)总结

挫折不可避免,我们要勇敢地面对挫折,燃烧希望,奋力前行,终究会抵达目标。

八年级 22

感受母爱，学会感恩
主题班会设计方案

一、教育目标

1. 教育学生感受母爱的伟大。
2. 帮助学生体会母亲的不易。
3. 教育学生感恩母爱。

二、教育重点

教育学生感受母爱的伟大。

三、教育过程

(一)营造氛围

欣赏歌曲《懂你》。

(二)品味故事，感受母爱

1. 故事一：这是一场大地震中的事，一位母亲正和女儿在家里吃饭，突如其来的大地震让她反应不及，但还是下意识地护住了身旁的女儿，甚至连手里的筷子都没来得及丢，当她被武警官兵们从废墟里挖出来时，还依然保持着紧紧怀抱女儿，并将女儿护在身下的姿势。

2. 故事二：一位妈妈为了救自己的儿子，竟把自己的手送进了黑熊的嘴里，用以替代儿子被黑熊咬住不放的小手，母子得救后，检查伤情的医生说，若不是这位妈妈把自己的手送进了黑熊嘴里，小孩子的手肯定是保不住了。而这就是令人动容的母爱。

(三)观察生活，感悟母爱

亲情更多的是表现在生活的细节中，只要我们细细品味，爱就时时溢满我们的心房。

(四)反思现实

1. 我与父母的沟通有没有出现问题?
2. 我在家里最经常对父母说的话是什么?
3. 父母经常对我说的话是什么?

(五)寻找答案

是什么使我们疏远了?有什么方法能让我们更好地沟通?我做什么爸爸妈妈最高兴?

(六)拓展

1. 仿写

亲情是在我饥肠辘辘时母亲端上的一碗蛋炒饭。

亲情是在我犯错时母亲愤怒举起又轻轻落下的手掌。

亲情是在父母疲惫时我双手送上的一杯清香的茶。

亲情是……

2. 体味亲情

如果把亲人的爱比作果汁粉,那生活就是一杯白开水。若两者比例恰当,便会调配出美味的果汁。只是有些人虽放了很多果汁粉,却没有加相应的水,所以无论怎么搅拌,爱都不能溶化。还有的时候是,果汁粉和水适量了,就是没有适时地搅拌,于是在品尝了太多的寡淡滋味之后,似乎习惯了这寡淡的味道,却不知在杯底仍温存地沉淀着许多没有溶化的爱。

3. 体验亲情。

你是否了解你妈妈?

(1)你妈妈的生日是_____。

(2)你妈妈的体重是_____。

(3)你妈妈的身高是_____。

(4)你妈妈穿_____码鞋。

(5)你妈妈喜欢的颜色是_____。

(6)你妈妈喜欢的水果是_____。

(7)你妈妈喜欢的花是_____。

(8)你妈妈喜欢的日常消遣活动是_____。

(9)你妈妈经常用来教育你的口头禅是_____。

(七)深化对母爱的认识

1.有言道:"人穷则反本,故劳苦倦极,未尝不呼天也;疾痛惨怛,未尝不呼父母也。"

2.一位作家曾说,在我四十岁以后,在我几十年雄心勃勃所从事的事业、爱情遭受到挫折和失意时,我才觉悟到做儿子的不是。母亲的伟大不仅在于生下了血肉的儿子,还在于她并不指望儿子的回报,不管儿子离她多远,她永远使儿子有亲情、有力量、有根有本。在人生的旅途上,母亲是加油站。

3.讲述歌曲《天亮了》背后的动人故事。

(八)总结

母爱,是人类一个亘古不变的主题。没有历史史诗的撼人心魄,没有风卷大海的惊波逆转,母爱就像一场春雨,润物无声,绵长悠远。让我们铭记母爱,感恩母爱。

(九)课后作业

给妈妈写一封信,表达自己的感恩之情。

八年级 23

性格——掌握未来的钥匙
主题班会设计方案

一、教育目标

1. 教育学生认识良好性格在人的成长和发展中的重要性。
2. 帮助学生认识不同性格的特点。
3. 指导学生塑造良好性格。

二、教育重点

教育学生认识良好性格的重要性并积极塑造良好性格。

三、教育过程

（一）导入

米开朗琪罗在雕塑大卫像之前，花了很多时间挑选大理石。因为他知道——他可以改变石头的外形，但无法改变石头本身的质地和纹理。

莱布尼茨说过，世界上没有两片完全相同的叶子。同样，世界上也没有性格完全相同的人。

（二）分析

1. 良好的性格是人生一笔巨大的财富。

博大性格：兼容并包的意境。
顽强性格：在逆境中崛起。
自信性格：人生成功的引擎。
勇敢性格：无所畏惧的坚持。
诚信性格：一诺千金。
谦虚性格：虚怀若谷的境界。

乐观性格:一览众山小。

刚毅性格:不屈的动力。

精细性格:赢在细节。

2.缺陷性格

狭隘性格:中了恶魔的诅咒。

刚愎性格:众叛亲离终败北。

自负性格:膨胀出来的败局。

多疑性格:聪明反被聪明误。

孤僻性格:一把关闭心灵的锈锁。

贪婪性格:永远填不满的欲望之沟。

叛逆性格:引火焚身的悲剧。

自私性格:一己之利终不成大事。

懦弱性格:畏缩在阴暗的角落。

3.影响性格的四大因素

遗传——与生俱来的性格。

家庭——为性格打上最初的烙印。

教育——重塑你的性格。

环境——"时势造英雄"。

(三)讨论:为什么要认识自己

法国作家让·吉罗杜说过,从我们的幼年开始,每个人身上就编织了一件无形的外衣,它渗透于我们吃饭、走路以及待人接物的方式之中。这件外衣就是我们的性格。

成功除了离不开机遇与自己的拼搏外,首先要做和必须要做的,是战胜自己,了解自己!

优良的性格可以发扬,有缺陷的性格可以克服。谚语有云:"播种行为,收获习惯;播种习惯,收获性格;播种性格,收获命运。"

正确地认识自己的性格,找出性格中的长处和缺陷。每个人生来就与众不同,世界上只有一个自己,绝对不会有第二个人和自己一模一样。每个人的性格各不相同,但没有谁的性格是绝对优秀,也没有谁的性格是绝对的一无是处。

(四)如何认识自己?

1.你何时感觉最好?(　　)

A.早晨　　　　　B.下午及傍晚　　　C.夜里

2.你走路时是(　　)。

A.大步地快走　　　B.小步地快走　　　C.不快,仰着头面对着世界

D.不快,低着头　　E.很慢

3.和人说话时,你(　　)。

A.手臂交叠站着　　　　　　　　B.双手紧握着

C.一只手或两手放在臀部　　　　D.碰着或推着与你说话的人

E.玩着你的耳朵、摸着你的下巴或用手整理头发

4.坐着休息时,你的(　　)。

A.两膝盖并拢　　B.两腿交叉　　C.两腿伸直　　D.一腿蜷在身下

5.碰到让你感到发笑的事时,你的反应是(　　)。

A.一个人欣赏并大笑　　　　　　B.笑着,但不大声

C.轻声地、咯咯地笑　　　　　　D.羞怯地微笑

6.当你去一个派对或社交场合时,你(　　)。

A.很大声地入场以引起注意　　　B.安静地入场,找你认识的人

C.非常安静地入场,尽量保持不被注意

7.当你非常专心工作时,有人打断你,你会(　　)。

A.欢迎他(她)　　B.感到非常恼怒　　C.在上述两极端之间

8.下列颜色中,你最喜欢哪一种颜色?(　　)

A.红色或橘色　　B.黑色　　　C.黄色或浅蓝色　　D.绿色

E.深蓝色或紫色　　F.白色　　G.棕色或灰色

9.临入睡的前几分钟,你在床上的姿势是(　　)。

A.仰卧,伸直　　B.俯卧,伸直　　C.侧卧,微蜷

D.头睡在一手臂上　　E.被子盖过头

10.你经常梦到自己在(　　)。

A.落下　　　B.打架或挣扎　　C.找东西或人

D.飞或漂浮　　E.你平常不做梦　　F.你的梦都是愉快的

(五)良好性格打造成功的人际关系

切莫清高孤傲,学会赞美他人,与人交往保持适度的弹性……

(六)成功必备的15种优良性格

自信、乐观、宽容、谦逊、诚信、坚忍、勇敢、理智、果断、自制、热忱、独立、进取、谨慎、稳重。

(七)急需克服的15种缺陷性格

狭隘、自卑、懒惰、悲观、自负、多疑、依赖、叛逆、贪婪、自私、自闭、暴躁、冲动、抑郁、偏执。

(八)探究与活动

活动一:"取其精华,去其糟粕"。
活动二:行为训练。
活动三:用良好习惯代替不良习惯。
活动四:在集体中互相帮助。

(九)总结

良好的性格是幸福人生的基础,初中是培养良好性格的重要时期,希望同学们养成自尊自爱、勤奋进取、拼搏乐观的良好人格。

八年级 24

优雅地说"不"

主题班会设计方案

一、教育目标

1.引导学生说出发生在自己身边的,让自己难以拒绝他人的事情以及难以拒绝他人的原因。

2.指导学生在真实情景中展现拒绝他人的方法。

3.教育学生在人际交往过程中,合理优雅地说"不",形成巧妙应对的心理品质。

二、教育重点

帮助学生正确理解友谊的真谛,体会说"不"的重要性。

三、教育过程

(一)导入活动

让同学们感受不能拒绝,只能接受的滋味,引出适当拒绝的重要性。

1.以小组为单位围坐成圈。

2.每个人可以向任一小组成员提任何要求,被要求的同学不能拒绝,只能回答"可以啊"。

3.每个人只能被提一次要求,也只能提一次要求,如果有重复就必须换人。当每个人都提过要求并被提过要求后,游戏结束。

4.小组内分享感受和想法。

教师:在活动中,由于规则设置的原因,我们明明有时候很想拒绝,但只能答应。今天这节主题班会活动课,我们就一起来交流这个话题,如何用优雅的方式将"不"说出口。

（二）头脑风暴

经过讨论、集思广益，收集想拒绝又难以拒绝的场景，并通过延伸提问发现拒绝的后果没有原先想的那么糟糕。

教师：生活中想拒绝又难以拒绝的场景有哪些？请四人小组将你们的讨论结果写在白纸上，稍后请小组派代表分享。

（学生分享讨论结果）

教师：这些场景看上去非常熟悉，就像发生在我们每天的日常生活中，我很好奇，为什么面对这样的情况，我们会很难说出拒绝的话呢？

提示：面子、害怕、破坏友情……

教师：如果在面对以上场景时我们选择了拒绝而不是答应，结果会不会真的像我们想的那么糟糕呢？有没有同学可以与我们分享？

（学生回答）

教师：回忆在你的成长过程中，有没有应该拒绝别人而没有拒绝的经历？我们尝试把这样的经历再次呈现，看现在的你处理方式是不是会有所不同。

请每位同学在彩纸上书写那些难以说出口的"不"。

1. 别人对我提出了不合理要求：＿＿＿＿＿＿＿＿＿＿＿＿＿＿＿＿
2. 我当时无法拒绝他，我想：＿＿＿＿＿＿＿＿＿＿＿＿＿＿＿＿＿
3. 我的想法是：＿＿＿＿＿＿＿＿＿（合理、不合理），因为：＿＿＿＿＿＿＿＿＿
4. 我现在觉得这样处理比较好：＿＿＿＿＿＿＿＿＿＿＿＿＿＿＿＿＿

（三）情境扮演

学生通过角色扮演、分组讨论，在真实情景中展现拒绝他人的方法。

教师：这里给大家提供了一些场景，请同学们通过小组讨论的方式看能否既用合适的方式拒绝对方，又不会影响彼此的友谊，并将"优雅拒绝"的方式写在我们的任务单上。

任务：四人一组，其中三位扮演拒绝者A、B、C，余下一位扮演提出要求者D。D根据场景进行扮演，A、B、C根据D的请求，用不同的方法进行拒绝。每一位同学轮流扮演提出要求者D。

【情境一】小凯今天的事情很多，明天要默写的课文还没有背过，数学还有三道题没有完成，昨天的错题还有一道没有弄明白，英语要记单词，要背课文，小凯打算中午多做点作业，要不然晚上熬夜都完不成了。

同学D：走，中午陪我一起买本书。

【情境二】放学了，小凯正准备回家。

同学D：小凯到我家玩游戏去。

【情境三】小叶的同桌D特别粗心，上学总是忘记带东西，他经常向小叶借学习用品，有时还借钱，但是他却总忘记归还，今天小叶在学校小卖部买矿泉水时又遇到了同桌。

同桌D：小叶，快借我10块钱，明天还你。

【情境四】小叶的同学D被隔壁班的人给打了。

同学D：小叶，是兄弟的就跟我来，狠狠揍那小子一顿，出出这口恶气。

学生根据拿到的情景进行分享，并通过小组讨论，总结出拒绝的技巧。

教师将同学们的拒绝方法进行适当归纳总结：幽默、如实以告、表达抱歉、以父母为由、学习为由、另找时间。

场景重现：通过对过去经历的重构再现，让学生借助角色扮演，真切感受不同角色的心理状态。

请一组同学上台选取一个情景进行分角色扮演。表演结束后请表演的几位同学分享自己的感受。

教师的结语：我们拒绝的是别人的不合理要求而不是拒绝帮助别人。

（四）总结

学会拒绝别人，学会优雅地拒绝，是高情商的表现。我们拒绝的是别人不合理的要求，而不是拒绝帮助别人，这样做你会变得更加睿智！

八年级 25

文明伴我行
主题班会设计方案

一、教育目标

1. 教育学生认识文明的重要意义。
2. 指导学生辨别不文明行为。
3. 教育学生养成良好文明礼仪习惯。

二、教育重点

教育学生养成良好文明礼仪习惯。

三、教育过程

(一)引入

中国自古就是礼仪之邦,文明礼貌是中华民族的优良传统,作为新一代的青少年,我们更不能忘记传统,应该做一个讲文明、懂礼仪的好学生,让文明之花常开心中,把文明之美广泛传播!

(二)故事赏析

故事一:饭店老板与无赖

一个人走进饭店要了酒菜,吃完摸摸口袋发现忘带钱了,便对老板说:"店家,今日忘带钱了,改日送来。"店老板连声说:"不碍事,不碍事。"说完便恭敬地把他送出了门。这个过程被一个无赖给看见了,他也走进饭店要了酒菜,吃完后摸了一下口袋对店老板说:"店家,今日忘带钱了,改日送来。"谁知店老板脸色一变,揪住他,非剥他的衣服不可。无赖不服说:"为什么刚才那人可以记账,我就不行?"店家说:"人家吃饭,筷子在桌子上找齐,喝酒一盅盅地倒,吃罢掏出手绢揩嘴,是个有德行的人,岂能赖我几个钱,你呢?筷子在胸前找齐,狼吞虎咽,吃上瘾来,脚踏条凳,端起酒壶直往嘴里灌,吃罢用袖子揩嘴,分明是个居无定所,食无定餐的无赖之徒,我岂能饶你!"

一席话,说得无赖哑口无言,只得留下外衣,狼狈而去。

故事二:德国人的礼貌习惯

在德国的公共场合,凡是有门的地方,走在前面的人总要扶着门让后面的人进去。德国公共场所的电梯或扶手梯上,无论人多、人少,无论结伴而行的人还是情侣,没有并排站在扶手梯上的,都会空出左边的位置,以便让有急事的人从左侧先行。

故事三:应聘成功

有位经理登了一则广告,想要找个男孩到公司来帮忙,广告刊登后,差不多有50个人来应征,经理于是从这50人中选了一位。有位朋友问经理:"那男孩连一张推荐信也没有,你为什么会选中那位男孩呢?"经理说:"当他进门时,他懂得在门前的鞋垫上将鞋底清洁干净,之后,又知道将门轻轻关上,他看到了跛腿的老人随即将座位让给他。"经理接着又说:"他进到室内,随即脱下帽子,这显示他注重礼节具有绅士风度。我故意将一本书丢在地上,其他应征者都好似没看见,就从书本上跨过去,那男孩却能将书捡起来,放回桌上。当他在等候我面试时,安安静静的,不像其他人一样挤成一团。当我跟他谈话时,我注意到他的衣着极为整洁,头发也梳得整整齐齐的,连他的指甲也是干干净净的。"

(三)讨论:为什么要学礼仪

礼仪是律己、敬人的一种行为规范,是表现对他人尊重和理解的过程和手段。文明礼仪不仅是个人素质、教养的体现,也是个人道德水准和社会公德的体现。

对个体:不学礼,无以立,这是衡量个人道德水准高低和有无教养的尺度。

对社会:塑造组织形象,提高办事效率,是一个国家文明程度、道德风尚和生活习惯的反映。

(四)践行"文明人"自测:你是一个文明的人吗

(略)

(五)你能说出校园不文明行为吗

(略)

(六)文明"八要""八不要"

1. 文明"八要"

(1)要礼貌待人。

(2)要遵守手机管理规定。

(3)要做好集体内的每一件小事。

(4)在交往中要学会礼让他人。

(5)要尊重老师,听从老师教导。

(6)要仪表整洁,坐、立、行、读、写的姿势正确。

(7)要对每一位外来客人有礼貌地问好。

(8)要时刻提醒自己是某年级某班的一分子,不给学校及班级荣誉抹黑。

2. 文明"八不要"

(1)不迷恋手机、网游。

(2)不故意损坏公物。

(3)不打架、骂人。

(4)不和别人比吃穿。

(5)不顶撞老师。

(6)不交损友。

(7)不随便吃零食。

(8)不抽烟酗酒。

(七)总结

文明是一粒最有生命力的种子,它会在我们的精神世界里发芽、开花、结果!

八年级 26

抵制校园欺凌

主题班会设计方案

一、教育目标

1. 引导学生认识校园欺凌的危害。
2. 帮助学生掌握遭遇校园欺凌时的自护自救方法。
3. 教育学生树立法纪观念，自觉抵制校园暴力。

二、教育重点

教育学生自觉树立法纪观念，自觉抵制校园暴力。

三、教育过程

（一）引入：什么是校园欺凌

校园欺凌是指发生在学生之间，一方蓄意或者恶意通过肢体、语言及网络等手段实施欺压、侮辱，造成另一方人身伤害、财产损失或者精神损害的行为。

（二）校园欺凌的危害

校园欺凌带给受害者的心理伤害到底有哪些呢？

遭受校园欺凌的孩子可能会失眠，经历过欺凌的孩子可能会发生心理失常，遭受过严重的欺凌行为有可能导致受害者患上创伤后应激障碍，同时还会感到缺乏自信，自尊降低。因为不愿意吐露被欺凌的事实容易形成内向、孤僻、自卑等消极人格特征，严重者可能造成人格障碍。

校园欺凌是校园内的一大公害，是在校学生违法违纪行为的主要表现之一，会破坏学校正常秩序，不利于优良校风和学风的建设，还会破坏学生成才的优良环境，损害学生的良好形象，影响学校声誉。

美国一项调查显示，小时候被长期欺凌的人，抑郁的概率是其他人的4.8倍，焦虑的概率是其他人的4.3倍,自杀的概率是其他人的18.5倍。因此开展抵制校园欺凌工作刻不容缓,任重道远。

(三)请同学们一起讨论"为什么会出现校园暴力"

1.索要钱物,不给就拳脚相加,威逼利诱。

2.以大欺小,以众欺寡。

3.为一点小事大打出手。

4.同学间因"义气"之争,以暴力手段争长论短。

5.不堪长期受辱以暴制暴。

6.个别学生组织同乡会或者其他小团伙,用暴力来解决相互矛盾。

(四)如何避免校园欺凌

1.忍。忍一时风平浪静,退一步海阔天空。忍是一种眼光,一种胸怀,一种领悟,是一种人生的技巧,忍也是一种规则的智慧。

(讲述韩信受辱的故事)

2.和。"和"意味着求同存异。中华传统文化把"和"作为最高价值,作为最高的道德境界,是中华民族传统美德的最高境界和最高目标。冤家宜解不宜结,各自回头看后头。

(讲述"将相和,廉颇与蔺相如"的故事)

3.恕。要求推己及人,自己不想做的事,不强加给别人,也就是心理互换。当你与同学发生矛盾时,首先要做的是站在对方的位置,用对方当时的心理来思考一下这件事,是自己的过失还是对方的不对。

(五)案例分析

福建南平邵武发生一起校园霸凌。2020年8月13日,南平邵武的邱女士没有想到,她14岁的女儿小丹居然就在学校附近被几个年纪相仿的学生拳打脚踢。6天后,小丹再次遭到了更多人更严重的殴打,在这过程中小丹一次都没有还手。对此,邵武市教育局一名工作人员表示,教育局也已积极配合警方进行调查。此事牵扯到来自不同学校的十几名学生,打人者的年龄最小11岁、最大13岁。

原因分析:媒体和教育、心理学专家学者乃至普通网友给出了不同的原因,其中,"家庭教育的走偏"和"学校教育的缺失"是大家公认的最重要的两个因素。

(六)抵制校园欺凌的小诗词

感校园欺凌

校园生活真美妙。对同学,要友善,文明礼让要记牢。坏风气,不能要,互帮互助不可少。见恶行,要举报,视而不见可不好。不恃强,不凌弱,后果严重警察找。反欺凌,要做到,校园和谐最重要。同学间,不为难,互助成长情谊连。欺凌者,要受处,屡教不改要严办。

友好相处

团结友爱一起来学习,不骂人不打架心里记。礼貌待人团结心要齐,同学有难共同来扶持。不说他人坏话要牢记,同学闹矛盾及时劝止。热心助人做个好孩子,成绩好品德棒是第一。

(七)总结

希望大家一起抵制校园欺凌,杜绝校园欺凌,珍惜同学友情。号召大家"从我做起,远离戾气,杜绝欺凌,走向文明"。

八年级 27

1+1>2——谈合作
主题班会设计方案

一、教育目标

1. 引导学生认识合作的重要意义。
2. 让学生在集体中养成团结合作，乐于助人的品质。
3. 让学生通过情境辨析、讨论增强合作的意识，同时提高与他人合作的能力。

二、教育重点

教育学生增强合作意识，主动参与合作。

三、教育过程

（一）游戏热身，引出合作

游戏挑战：用一个手指拿起讲台上的苹果。

（二）感知合作，实现双赢

所谓合作，是指两个或两个以上的个人或团队为了达到共同目的，彼此相互配合的一种联合行动。

1. 寓言故事

有三只老鼠结伴去偷油，可是油缸非常深，油在缸底，它们只能闻到油的香味，却喝不到油，老鼠很焦急。

突然，一只老鼠想出一个很棒的办法，它提出三只老鼠一只咬着另一只的尾巴，吊下缸底去喝油。大家经过讨论取得了一致的共识，并决定轮流喝油。有福同享啊，谁也不能独自享用。于是，第一只老鼠最先吊下去喝油，他在缸底下想：油只有这么一点点，大家轮流喝多不过瘾啊，今天算我运气好，第一个下来喝油，不如自己先喝个痛快。夹在中间的第二只老鼠也在想：下面的油没多少，万一让第一只老鼠把油喝光了，我岂不是要喝西北风吗？我干吗这么辛苦地吊在中间让那小子独自享受呢？我看还是把它松开,干脆自己跳下去喝个痛快！最上面的老鼠也在想:油就那么多,等他们两个吃饱喝足了,哪还有我的份呀,不行,必须立即做出决断。

于是他们争先恐后地跳到缸底喝油,然而由于脚滑缸深,他们在喝完油之后再也没法跳出来了。

2.品名言

(1)天时不如地利,地利不如人和。

(2)单个人的力量是渺小的,只有同别人一起合作,他才能完成许多事业。

(三)放眼生活,寻找合作

1.家庭中的合作现象,如在家中和父母一起包饺子、劳动。

2.学校中的合作现象。

3.社会各领域中的合作现象。

4.国际合作现象。

(四)现场互动,理解合作

1.微调查:你现有的合作意识如何？

问题1:在课堂的小组合作学习中,你是否经常发言？

A:基本每次都发言。

B:偶尔发言。

C:基本从不发言。

问题2:在课后的学习中,你是否经常和同学交流学习的经验？

A:经常主动和同学分享自己的学习经验。

B:当其他同学问起时会回答。

C:不和其他同学交流。

问题3:当你接到一个集体任务时,你会怎样完成这个任务？

A:主动和其他人商量,然后选择自己最适合的岗位。

B:看其他人怎么做,有需要帮忙的时候再出手。

C:不管其他人怎么想,我只做自己会做的。

2.情境思辨

读"狼狈为奸"的故事,辨析班级中没有原则的不良合作现象。

提示:班级中有没有"抄作业"的现象、考试递纸条现象等。

(五)交流讨论,学会合作

任务 A:期中考试快要来临,你们小组计划怎样合作复习迎考?

任务 B:学校将举行和美体育文化节,其中包括拔河、跳长绳、50米跑接力等集体项目,作为班级的一分子,你们会怎么做?

任务 C:班上一名同学迷恋网游而经常逃学,班主任老师安排你成立3人劝导小组,去这名同学家劝导他返校读书,你打算怎么做?

(六)总结

合作是现代人必需的一种素养,它能实现"1+1>2"的效果,希望大家多多参与合作,不断提升人生价值。

八年级 28

成功伴我行
主题班会设计方案

一、教育目标

1. 引发学生对于成功以及如何成功的思考，引导学生形成对成功更加深入的理解。
2. 帮助学生树立面对未来挑战的信心，激发学生对目标的追求。
3. 教育学生培养专注精神，树立反思意识。

二、教育重点

教育学生培养专注精神，树立反思意识。

三、教育过程

（一）设问引入

教师：什么是成功？影响成功的因素有哪些？

达到或实现某种预期结果叫作成功。影响成功的因素很多，今天我们探讨成功的三部曲。

（二）第一部曲：自信

案例一：1887年埃菲尔铁塔动工了，但不久巴黎各方爆发出了一片抨击、谩骂和反对的声音。一派是比较守旧的文学家、艺术家；另外一派是建筑大师和材料方面的专家。莫泊桑、左拉、小仲马等巴黎名流认为埃菲尔铁塔是一个无用和丑陋的怪物，并在《反对修建巴黎铁塔》的抗议书上签了字。面对各种反对声，埃菲尔本人亲自出面作出了回应，消除了群众的疑惑，反对的声音日渐减小，埃菲尔铁塔继续修建，没有受到争议和恐吓的影响。

埃菲尔用自信顶住了各方面的压力，使埃菲尔铁塔修建成功。埃菲尔铁塔后来也成了巴黎的标志之一，被法国人爱称为"铁娘子"。

案例二:卞和的"和氏璧"。

相传在春秋时期的楚国,卞和在山中拾到一块玉璞,把它奉献给了楚厉王。厉王就叫辨别玉的专家来鉴定,专家说是石头,于是厉王下令砍掉卞和的左脚。不久,厉王死了,武王即位,卞和又把这块玉璞奉献给武王,结果玉璞同样被鉴定说是石头,武王又以欺君之罪砍掉卞和的右脚。武王死后,文王即位,卞和抱玉璞哭于荆山下,文王听说后派人对这块玉璞进行加工,发现果然是一块罕见的宝玉。这块宝玉被命名为"和氏璧"。如果不是卞和的执着与自信,可能和氏璧现在还依然被丢弃在深山之中,无法光照史册了。

(三)第二部曲:专注

案例:牛顿并没有明显的超人天赋,然而他学习特别勤奋,学习与研究都专心致志,简直到了入迷的地步。他常常一连几个星期都留在实验室里,直到实验完成。

有一次,他煮鸡蛋时还想着做实验,竟把手表当鸡蛋放到锅里去煮。又有一次,牛顿的朋友来看望他,牛顿把饭菜摆到桌上后又一头钻进了实验室。这个朋友等得不耐烦了,就先吃起来,吃过后没有告辞就走了。牛顿做完实验出来,一瞧桌上的盘碟,自言自语地笑着说:"我还以为没吃饭呢,原来已经吃过了!"说着又走进实验室去了。

(四)第三部曲:自省

案例一:司马光是个贪玩贪睡的孩子,为此他没少受先生的责罚和同伴的嘲笑。在先生的教育下,他决心改掉贪睡的毛病,为了早早起床,他有意在睡觉前喝了满满一肚子水,结果却尿了床。于是司马光便用圆木头做了一个警枕,早上一翻身,枕头就会落到地下,"砰"的一声,自然会把人吵醒,司马光便马上起床,点烛读书。由于勤奋好学,司马光终于成了一名著名的学者。

案例二:清朝初期的学者、史学家万斯同参与编撰了我国重要史书《明史》,但万斯同小的时候也是一个顽皮的孩子。有一次万斯同由于顽劣,遭到了宾客们的批评,万斯同恼怒之下,掀翻了宾客们的桌子,被父亲关到了书屋里。万斯同在闭门思过时读到《茶经》,并受到启发开始用心读书。转眼很多年过去了,万斯同读了很多书,也明白了父亲的良苦用心。万斯同经过长期的勤学苦读,终于成为一位通晓历史的学者,并参与了《明史》的编撰工作。

(五)总结

青春向往成功,只要我们充满自信、保持专注、学会自省,就能一步步接近成功,实现奋斗目标。

八年级 29

考前学习方法指导

主题班会设计方案

一、教育目标

1. 指导学生树立正确的考试观。
2. 指导学生掌握正确的考前学习方法。
3. 教育学生拼搏进取，实现奋斗目标。

二、教育重点

指导学生掌握正确的考前学习方法。

三、教育过程

（一）班会引入

把梦想变为现实，一定要做三件事：第一，使目标具体化；第二，集中精力，全力以赴；第三，付诸行动。

在这一过程中，所有必需的条件都取决于自己，而不是别人，凡成功者，都善于当机立断，一旦决定就全力以赴。

（二）成功指南

1. 目标+计划+行动=成功。
2. 自信是成功的第一要诀。
3. 唤醒心中的巨人、激发心灵的潜力。
4. 检讨是成功之母、改变是成功之父。
5. 向第一名学习。
6. 在精力最旺盛的时候做最重要的事。
7. 无论做什么事，都要尽心尽力，追求卓越。

8.下定决心,不达目的誓不罢休。

9.立即行动,立即行动,立即行动!

(三)具体方法

1.拟定复习计划。

2.罗列问题,找出不足。

3.分析问题原因:①知识性原因;②心理上的原因;③方法上的原因;④审题上的失误。

4.梳理知识网络。

5.把握考题脉络。

6.总结得分技巧、答题技巧。

(四)讲几点建议

1.不能放弃做题

一日不练,自己知道;

两日不练,同行知道;

三日不练,观众知道。

必须保持做题的习惯,不能在考前产生手生的感觉。

2.立足教材

课本是考试之本,看书不可盲目,要做到以下几点。

一是全面而精,凸显主干,熟知课本的知识结构,细致理解课本概念的准确性。

二是有计划,可按书本章节顺序,亦可按自己熟知程度,还可根据考试中出现频率,制订自己的看书计划。

三是配合相应错题重温:①放弃偏、难、怪题;②注重月考、半期试题中的错题;③结合回归课本,重温相应错题。

(五)还应注意几点

一是要自信。

要相信凡事尽力而为,即可问心无愧。重要的是过程,做自己能做的事。

二是正确面对压力。

适度压力能激发斗志,提高效率。临考前大部分同学都会有一些焦虑情绪,这是正常现象,不必过虑。但如果压力过大,影响了睡眠或学习效率,就要进行调适。

三是有清晰的目标。

考试的总分及各科的目标分数要达到多少、如何达到,必须有目标,有目标才会有动力。

四是注意劳逸结合,提高复习效率。

考前的复习,拼的是时间,更是效率。不搞疲劳战,复习累了可以适当休息一下,晚上复习一般不要超过十一点,更不宜熬夜。可以利用学习间隙,抽出十分钟左右的时间,到阳台上或教室外做做深呼吸、跳绳、立定跳远,或者向远处看看,做做眼保健操,揉揉太阳穴等。

(六)励志名言

1.人生没有彩排,只有现场直播,所以每一件事都要努力做到最好!

2.接受我们不能改变的一切,改变我们能改变的一切。

3.目光不能短浅。

4.没有绝望的处境,只有对处境绝望的人。

5.学会技能是小智慧,学会做人是大智慧。

6.做事的能力往往只能给你一种机会,而做人的能力则会给你一百种机会。

7.生活的最大悲剧不是失败,而是一个人已经习惯于失败。

8.人生的成功不过是在紧要处多一份坚持,人生的失败往往是在关键时刻少了坚持。

9.在人生的大海中,我们虽然不能把握风的大小,却可以调整帆的方向。

10.依赖别人的人等于折断了自己的翅膀,永远也体会不到飞翔的快乐。

11.在泪水中浸泡过的微笑最灿烂,从迷惘中走出来的灵魂最清醒。

12.最好的节约是珍惜时间,最大的浪费是虚度年华。

13.对于沙漠中的旅行者,最可怕的不是眼前无尽的荒漠,而是心中没有绿洲。

14.总结成功的经验能够让人越来越聪明,总结失败的原因能够让人越来越谨慎。

15.人生有一半掌握在上帝那里,另一半攥在自己的手中。人的一辈子唯一要做的就是,不断地用你手中的这一半更多地赢取上帝掌握的那一半。

(七)总结

考试是一道坎,我们要把梦想化为前进的力量,一步一个脚印,有计划、有方法、有信心,争分夺秒做好复习工作,力争考出优异成绩。

八年级 30

远离毒品，珍爱生命
主题班会设计方案

一、教育目标

1. 引导学生了解毒品的危害。
2. 教育学生自觉远离毒品。
3. 教育学生珍爱生命，健康成长。

二、教育重点

教育学生认识毒品危害，远离毒品。

三、教育过程

(一)设问：国际禁毒日是哪一天

1987年6月，联合国大会决定把每年的6月26日定为国际禁毒日。

《中华人民共和国刑法》有相应规定，毒品是指鸦片、海洛因、甲基苯丙胺(冰毒)、吗啡、大麻、可卡因以及国家规定管制的其他能够使人形成瘾癖的麻醉药品和精神药品。

目前的新型毒品主要指人工化学合成的致幻剂、兴奋剂类毒品，如甲基苯丙胺(俗称冰毒、麻古)、氯胺酮(俗称K粉)等。

(二)案例分析

案例一：重庆民警在涪陵区某一居民楼房间，抓获11名刚吸食完毒品的在校学生。他们聚在一起，一边打牌一边兴奋得摇头晃脑。

案例二：重庆某高校的女学生杨某，是一名90后，家庭条件曾经非常优渥。杨某大二时，家道中落，父母因此离婚，没了家庭归属感的杨某十分孤独，便常常在夜店中找寻精神和身体上的满足，其间被一位男子哄骗吸食了冰毒，从此一发不可收拾。后来男子被抓走接受强制戒毒，杨某没了毒源，钱又被自己挥霍一空，再加上长期吸毒导致全身红斑,精神恍惚,便悄悄退学了。退学后的杨某无法忍受没有毒品的日子,就到一家夜店当起了陪酒小姐,并认识了毒枭刘某,过起了以贩养吸的生活。2020年11月6日,杨某被警方抓获。杨某没吸毒前,是一个标准的白富美,气质优雅。现在身材发福,全身红斑且皮肤粗糙,经常恶心头痛,成天精神恍惚,走在大街上总会觉得别人都在看自己。

(三)毒品有哪些危害

1.毒品毁人、毁健康

(1)毒品摧毁人的消化功能。

(2)摧毁人的神经系统。

(3)摧毁人的呼吸及循环系统。

(4)传染性病及"艾滋病(AIDS)"等。

2.毒品会令人倾家荡产、家破人亡

(1)丧失工作能力。

(2)倾家荡产。

(3)给家人带来无尽的痛苦。

3.吸毒导致堕落、犯罪

相关法律规定,非法持有鸦片1000克以上、海洛因或者甲基苯丙胺50克以上或者其他毒品数量大的,处七年以上有期徒刑或者无期徒刑,并处罚金;包庇走私、贩卖、运输、制造毒品的犯罪分子的,为犯罪分子窝藏、转移、隐瞒毒品或者犯罪所得的财物的,处三年以下有期徒刑、拘役或者管制……

相关法律规定,利用、教唆未成年人走私、贩卖、运输、制造毒品,或者向未成年人出售毒品的,从重处罚;引诱、教唆、欺骗或者强迫未成年人吸食、注射毒品的,从重处罚。

(四)青少年如何防止吸毒

1.青少年吸毒原因分析:好奇心驱使、上当受骗、喜欢模仿、不辨是非、精神空虚、寻求刺激、朋友的负面影响等。

2.青少年应该坚决拒绝毒品:拒绝或迂回拒绝并及时告知老师或家长。

(五)学习领会禁毒公益广告

1.远离毒品,共创和谐,从我做起。

2.远离毒品,关爱未来。

3.毒品一沾,悔恨终生。

4.珍爱生命,远离毒品。

5.一次吸毒,终身戒毒。

6.锡纸一张,不见火光冲天,烧得家徒四壁。

(六)总结

为了我们的身心健康,为了亲人的幸福,我们一定要珍惜生命,坚守底线,拒绝毒品。

八年级 31

珍爱生命，预防溺水
主题班会设计方案

一、教育目标

1. 引导学生增强对防溺水的重视。
2. 引导学生了解一些基本的防溺水自救自护措施，并逐步形成防溺水的行为习惯。
3. 教育学生珍爱生命，预防溺水。

二、教育重点

教育学生增强安全意识，预防溺水。

三、教育过程

（一）讲述重庆学生溺亡事件

事件：某日下午3时30分左右，潼南区某镇附近的居民发现有人落水，报警后当地政府立刻组织力量进行救援。这一河段水域非常宽阔，水深十几米，救援工作非常艰难，当天晚上打捞上来8具儿童尸体。

据警方调查，落水儿童是附近的某镇小学学生，周末放假一群孩子结伴到涪江河坝玩耍，一名学生在玩耍时不慎掉入江中，旁边的7名学生见状赶忙前去救援，一时间8名学生纷纷掉入江中，最后造成这一悲剧。

（二）触目惊心的数字

据相关机构统计，全国平均每天有几十名学生死于溺水、交通或食物中毒等事故，溺水和交通事故居意外死亡的前两位。中国溺水死亡率为8.77%，其中14岁以下的占56.58%，是这个年龄段的第一死因。

（三）自救自护知识学习

1.定义：溺水是指人体淹没于水中，呼吸道、肺部被水堵塞，严重者可因呼吸衰竭、心跳停止而死亡。

2.溺水主要原因：窒息、喉头痉挛、声带关闭。

3.溺水而吸入的液体：淡水、海水、粪水、污水。

4.现场急救步骤

(1)现场呼叫急救：协助救人和通知急救中心。

(2)保持呼吸道通畅：把呼吸道及胃中的水从口中倾倒出来。溺水者上岸（船）后，不论其清醒与否，均应清除其口鼻中的泥沙、杂草等，把舌头拉出口外，松解衣领，以免影响呼吸。

(3)如果溺水者呼吸、心跳微弱或已停止，应立即对溺水者进行心肺复苏术。人工呼吸应采用俯卧压背法或举臂压背人工呼吸法。溺水者呼吸已停止时应采用口对口人工呼吸，吹气量要大，心跳停止者进行胸外心脏按压。

5.抢救要点

(1)经短期抢救，呼吸、心跳未恢复者也不可轻易放弃，至少应坚持3—4小时，送医院途中也应继续进行抢救。

(2)如溺水者在现场很快抢救成功，也要送往医院，以防肺部感染和其他并发症。

(3)抢救同时应注意保暖，减少并发症发生。

6.游泳时必须做到游泳"四不能"。

(1)没有家长带领，小孩子不能偷偷地结伴去游泳。

(2)不能去小河、池塘里游泳。

(3)为预防抽筋，要做好下水前的准备，先活动身体，用水淋湿身体各部分，不能马上下水！

(4)对自己的水性要有自知之明，千万不要抱有侥幸心理，下水后不能嬉戏玩闹，在没有大人及安全措施的情况下不能逞能比赛。

7.看到有人溺水时我们该怎么办？

(1)原地大声呼救。

(2)跑去找大人。

(3)拨打110、119或120电话。

(4)没有绝对把握，不要冒险救人，以免造成更大伤亡！

（五）总结

生命只有一次，幸福快乐掌握在你的手里，同学们，无论是假期在家或在校园，都必须谨慎下水，切莫掉以轻心。生命最可贵，同学们千万要防范溺水危险。

第三部分

九年级主题班会

设计方案

九年级 1

激荡青春备中考，明确目标奋初三
主题班会设计方案

一、教育目标

1.知识与技能：帮助学生认识中考形势的严峻，设定中考目标，了解目标分解的智慧。

2.过程与方法：通过书写"我的目标路线图"，让学生对自己接下来的九年级生活有初步规划。

3.情感、态度与价值观目标：激发学生探索设定目标、努力实现目标的兴趣。

二、教育重、难点

重点：明确清晰的中考目标并积极行动。

难点：迸发实现目标的挑战精神。

三、教育过程

（一）导入：火爆的高中招生现象

某日晚上，在一些中学的校门口出现了前所未有的现象，家长们晚上通宵排队，为的是给没有上录取线的孩子交择校费就读高中。但很多家长失望而归，因为孩子考分没有达到要求，不予录取。

一时间，高中择校的火爆场面占据某区市民的微信朋友圈。

教师：同学们，明年参加中考的你，现在最需要做的是什么？

（二）定下中考目标

1.目标为什么重要？

2.我的中考目标是什么？

(三)如何实现目标

1.北京冬奥会滑雪冠军苏翊鸣,他身上有什么值得我们学习的地方?

故事:年少的苏翊鸣得知北京申办冬奥成功时,在心中默默地立下了一个目标——代表中国队站上冬奥会的领奖台!为了实现这个目标,他选择成为专业滑雪选手并开始训练。一个新的动作,他每天练6个小时,一直重复练这一个动作,可能需要一个夏天才能完成这个动作。经过多年的苦练,他在北京冬奥会上成为金牌获得者。

教师:如果有目标,就一定要朝着这个目标努力,相信自己的选择,执着坚定、永不放弃,未来可期。

2.实现目标的小智慧

(1)心理学家指出,将目标分解成若干个可以实现的部分,不但能增加立竿见影的效果,而且能减少付出的代价。

(2)目标分解最有名的案例就是马拉松冠军山田本一的案例。

1984年,在东京国际马拉松比赛中,名不见经传的日本选手山田本一出人意料地夺得了世界冠军。他告诉了众人这样一个成功的秘诀:"刚开始参加比赛时,我总是把目标定在四十多公里外终点线上,结果跑到十几公里时就疲惫不堪了,我被前面那段遥远的路程给吓倒了。后来,我改变了做法。每次比赛之前,我都要乘车把比赛的路线仔细地看一遍,并把沿线比较醒目的标志画下来,比如第一个标志是银行;第二个标志是一棵大树;第三个标志是一座红房子……这样一直画到赛程的终点。比赛开始后,我就奋力向第一个目标冲去,等到达一个目标后,我又以同样的速度向第二个目标冲去。四十多公里的赛程就这样被我分解成这么几个小目标跑完了。"

教师:我们设定的目标,也可以像山田那样,选定好每一阶段的小终点,把它分段完成!

3.请思考一下自己到达目标的路线,确定途中几个关键的点,然后请书写自己的目标路线图:学科目标、早晚自习目标、周末目标、月考目标、半期目标、期末目标、中考目标。

(四)奔赴目标,我在行动

朗读《启航》。

九年级 2

学生焦虑情绪的调节
主题班会设计方案

一、教育目标

1. 引导学生认识焦虑情绪。
2. 教育学生正确对待焦虑情绪。
3. 教会学生塑造健康心理。

二、教育重点

教育学生正确对待焦虑情绪。

三、教育过程

（一）导入课题

在上期期末考试中，班上几个平时成绩较好的同学名次明显下降，而几个平时成绩一般的同学名次明显上升。例：覃××七年级一直在班上名列前茅，上八年级后，增加了物理科，他也更加努力，可是他发现平时成绩不如他的几个好朋友物理学得比他好，课堂上他回答不出的问题他们总能答对，他很担心物理学不好，于是他把更多的时间花在物理上，可收效甚微。从此以后，一上物理课他就紧张，生怕听漏一个字。但过了一个学期，其他科目成绩也下降了。科任老师还常向班主任反映，说他上课时神情呆滞，不知在想什么。

另外，据成绩下滑的同学反映，他们成绩下滑的主要原因是担心考不好，紧张、焦虑，导致学习效率降低，考试发挥不理想。

（二）分析学习焦虑

1. 定义：学习中的焦虑情绪是指由于个人不能达到学习目标或遇到不能克服的障碍，

致使自尊心与自信心受挫,导致失败感和内疚感增加,形成一种紧张不安、带有恐惧的情绪状态。

2.列举几个现象说明:

情境一:某学生勤奋刻苦,严于律己,但过分注重师长期望,学习上唯恐有丝毫差错,作业总是写了又改,改了又写,稍有差错便自责内疚:"我真的能力很差!"

情境二:某学生学习刻苦,成绩不错,但过于自信。自以为"这次考试我不考个第一,起码考第二"!可试卷发下来,不是那么回事。遇到第一题就蒙了,头脑中一片空白,发挥失常。

情境三:某学生家庭经济条件优越,平时讲究穿着,学习懒散。"学习?何必那么累?作业嘛,明天找一本抄抄不就行了?读不了重点高中,还有其他学校可以读的。"

3.学生焦虑情绪异常情况的几种主要类型:

(1)负疚自责型。

(2)羞涩自卑型。

(3)自视过高型。

(4)考试恐慌型。

(5)娇惯松弛型。

(6)自由散漫型。

(三)学习焦虑压力与学习效率的关系

焦虑与学习效率之间存在一种倒"U"型的曲线关系(如图9-2-1),在学习中感受到压力是正常的。

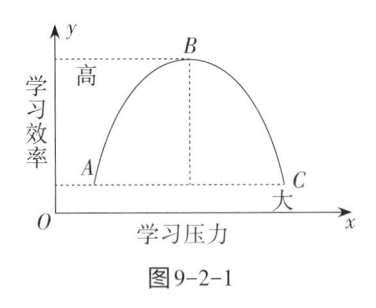

图9-2-1

(四)焦虑程度自我评价

判断下面每句话是不是适合于自己的状况,并在得分栏内写上相应的分数。记1分表示自己很少是这样,记2分表示自己部分时间是这样,记3分表示自己大多数时间是这样,记4分表示自己总是如此。

表9-2-1　焦虑程度自我评价表

题目	得分	题目	得分
(1)我吃饭很香,胃口很好。		(8)我感到头晕脑胀。	
(2)对于学习我感到忧心忡忡,就怕考不好。		(9)我的呼吸顺畅而自然。	
(3)我特别容易感到疲劳和乏力。		(10)我容易心烦意乱,十分烦躁。	
(4)我的睡眠不太好,睡得不香。		(11)我容易因一点小事而生气。	
(5)我感到心情平静。		(12)我的手总是温暖而干燥。	
(6)我最怕家长和我谈学习问题。		(13)我感到时间特别紧张,总感觉时间不够用。	
(7)我感到肠胃不舒服。		(14)我容易入睡,睡眠很好。	

评价标准：

给各题记分之后,计算总分。先把1、5、9、12、14这五题的分数转化一下,原先记的1、2、3、4分,分别转化成4、3、2、1分,其余各题的分数不变。所有各题分数的总和就是焦虑程度的总分。

然后按照以下标准进行判断：

1. 总分24—31分,适度焦虑。

2. 总分32—39分,中度焦虑。

3. 总分40分以上,重度焦虑。

调查表明：

1. 适度的焦虑对学习不但有益,而且是必需的。具有适度焦虑的人往往在学习中伴有轻度的紧迫感、警觉感,他们精神集中,思想活跃敏捷,行动积极努力,学习效率很高。

2. 焦虑程度过高或缺乏焦虑感,都将引起心理的不适,使学习过程变得困难重重,往往会事倍功半。

(五)如何调节和控制过度焦虑,建立适当的期望水平

1. 不要对自己要求过高,给自己一个短期能实现的小目标。

2. 不要把失败看得太重,注重过程。

3. 不要瞧不起自己,要相信自己,不断鼓励自己。

4. 不要疏远他人,苛求他人,和同学融洽相处,互帮互助。

5. 不要感情用事,尽可能保持"理智脑"。

6. 不要过度疲劳,要劳逸结合。一旦发现有明显疲劳及焦虑倾向时,可适当运动,做放松动作。

(六)总结

中考是我们必须要过的一道坎,我们要瞄准目标,奋发向上,执着努力。适度的压力和焦虑会激发我们的潜力,鼓舞我们的斗志,但不能在压力下垮掉,不能在焦虑中放弃。只有增强信念,迎难而上,我们才能练好本领,"笑傲"中考。

九年级 3

科学方法伴我行

主题班会设计方案

一、教育目标

1.指导学生了解取得成功的条件。

2.指导学生掌握科学高效的方法应对学习。

3.激发学生筑梦中考的强烈愿望。

二、教育重点

指导学生科学应对学习,掌握高效学习方法。

三、教育过程

(一)探讨交流

教师:大家观察班上和年级成绩优秀的同学,能否找到一些他们成功的原因。

提示:专注的态度、勤奋的精神、科学的方法、坚忍的毅力等。

(二)学习他校经验

1.河北衡水中学

(1)三餐时间一律30分钟。

(2)起床一律5分钟。

(3)行走坐卧随身都带着书、本子、卡片。

(4)"四候",即候觉、候饭、候操、候厕,在等候的短暂时间内,也识记背诵。比如候操时5000多人都在高声读背,场面震撼人心。

(5)"四个零",即课上零走神、课间零打闹、自习零抬头、个人零违纪。

2.江苏洋思中学

哪段书当天不会背、哪道题没做完,是坚决不允许吃饭和睡觉的。

3.辽宁盘锦中学

每个学生每天必须写800字以上的日记。

(三)如何才能在苦读中高效地利用时间

1.挤时间,讲效率

(1)一日之计在于晨,早上7:00到教室,在早自习之前花时间复习前一天的重点知识。

(2)中午12:50提前进教室,抓住午休之前的时间学习或完成作业。

(3)晚上躺在床上对白天学过的知识回忆梳理。

(4)周六、周日学会劳逸结合,放松身心的同时,也要复习这一周的学习重难点,查漏补缺。

2.当日事,当日毕

(1)纠错本、经典题本、札记本、日记本每天都有新的内容。

(2)每天按时完成作业。

(3)按时背诵需要熟记的内容。

(4)搞懂疑点、难点、易混点。

(5)做到"四不":不自欺欺人,不千方百计找借口,不轻易原谅自己,不叫苦。

3.专心致志,心无旁骛

(1)上课不走神。

(2)平时无杂念,心绪宁静。

(3)不要心猿意马,一门心思放在学习上。

4.有恒心,有韧劲

(1)有炽热的报答父母之心。

(2)有改变和掌握自己命运的坚定决心。

(3)抵得住诱惑,耐得住寂寞,保持向善之心。

(4)如有一道题钻研不下来誓不罢休,高强度训练决不应付了事,作业每次都要写完,要严格自律。

(四)学霸谈学习心得

1.注重习惯:九年级15班的张××觉得自己是一个认真的学生,简单的"认真"二字,不仅是一种持之以恒的学习习惯,也是他学习的态度。张××反复强调说,自己绝不是

"天才",也没有"克敌制胜"的法宝,只是一直以来有一些属于个人的学习习惯。比如,平时会提前做好预习,提前有准备,上课的时候就会比较轻松;课后会复习,将知识点梳理一遍,使知识点掌握得更加扎实。他经常会把一些遗忘的知识集中在一起,不时拿出来复习一下;各科都有一本纠错本,也会随时纠错复习;语文课上积极发言,迫使自己能够积极思考,锻炼自己的鉴赏能力与表达能力……良好的习惯会给一个人埋下成功的种子。

2.制订科学复习法:九年级12班的李××在每一次诊断考试之后都会对自己暴露的问题进行系统整理和归纳,并制订查漏补缺计划表,他每天都会根据自己整理的计划表,针对自己的不足之处进行系统复习。

3.翻烙饼式复习:九年级15班的王××认为,复习犹如"烙饼",需要翻几次才能熟透,否则就是半生不熟的。记忆也需要强化,不反复难以记牢。因此,他对于每个知识点的复习,总会进行两三遍才完成。

(五)谈谈心得

提示:九年级时间紧张,要学会利用边角时间,并有序按照每天的计划去做,始终严格要求自己,争分夺秒,努力学习。

(六)总结

纸上得来终觉浅,终知此事要躬行。再有效的学习方法,也必须要践行!让我们把今天学到的方法,运用到学习生活中,开出智慧之花,收获梦想果实。

九年级 4

我们为什么要努力读书
主题班会设计方案

一、教育目标

1. 知识目标：了解读书学习对个人成长、发展的极端重要性。
2. 能力目标：培养学生学习能力，增强努力读书的内生动力。
3. 情感、态度与价值观目标：培养对读书学习的浓郁兴趣，增强学习自觉性和毅力。

二、教育重、难点

重点：通过讨论认识到读书学习对个人成长、发展的极端重要性。

难点：通过晓之以理、动之以情的解说，让学生真正理解努力读书的意义。

三、教育过程

（一）导入课题

由《伤仲永》的故事导入，方仲永天资通达聪慧，但由于后天放弃读书变成了普通人。天才放弃读书最终也会泯于众人，书和人的命运紧紧相连，所以我们一定要重视读书，用书籍滋养心灵之花！

（二）以名人事例了解读书的意义

教师：范仲淹年少时，立志读书，不做名医就做名相，养成了"不以物喜，不以己悲"的气度，才有了后来"先天下之忧而忧，后天下之乐而乐"的远大抱负。同学们，你们还知道哪些古今中外的名人，通过读书而有所成就或改变命运的事例？

学生1：宋濂幼年家贫，借书苦读。遇到疑难，他就长途跋涉寻访名师求教。严冬季节，他顶风冒雪，两脚冻裂出血仍继续寻访老师。宋濂十几年如一日刻苦读书，终于取得成就。

学生2：大名鼎鼎的美国科学家爱迪生，一生的发明上千项，被誉为"发明大王"。这也与他勤奋读书分不开，他常常通宵达旦地读书、查资料，困极了，他就以书当枕头在实验室躺一会儿。因此，有人风趣地说："怪不得爱迪生有那么多的知识，原来他在睡梦中也还在从书本里汲取营养。"

（三）介绍读书的重要性

介绍读书的重要性，同时结合一些实际的比较具有冲击力的图片吸引学生眼球，提出读书不仅能提升气质还能改变命运。

（四）小组讨论：你为什么要努力读书

给每个小组的同学分发一张纸条，写下努力读书的意义。

（五）小组选代表发言

学生3：读书让你学到知识，拥有能力。本杰明·富兰克林说过，对知识的投资永远是获益最大的。投资自我教育，这是你一生中最正确的事情。请不要抱怨读书累，放眼看看这个世界，那些没有知识没有文化的人，大多数人一辈子都生活在社会的底层。如果你想未来拥有选择的权利，想要未来有一份体面的工作，那么今天的努力，就是值得的！

学生4：读书让人学会思考，读书和不读书的区别在于思想。不读书的人就像没吃饱饭一样，精神上是饥饿的。读书让人学会思考，让人能够沉静下来，享受一种灵魂深处的愉悦。读书是拓展认知和视野的捷径，用生活中的感悟去读书，用读书的感悟去生活，总有一天你会发现，在面对一些问题时可以思考得更全面，更容易找到问题的解决办法。

学生5：读书可以让你更明事理、拥有更多机会、更大格局、更高境界，让你的人生更加精彩。

学生6：书籍是心灵的解药，在书中可以看到不同的人，看到不同的生活，得到一些不同的生命感悟。脚步丈量不到的地方，文字可以到达，眼睛看不见的地方，文字可以发现。读书对人最大的改变就是心灵的改变，读书是最好的心灵之旅。

学生7：读书终会给予人回报，所有认真读过的书都会融进灵魂，沉淀成智慧，静静地待在心灵深处，只要被触动就会喷薄而出。读书多了，你在读书上花的每一分钟，都会在未来的某个时刻给你回报。

（六）总结

中考，是我们奔赴梦想的重要一站，我们只有心无旁骛，努力学习，用书籍启智增慧，才能为梦想翻开辉煌的篇章！

九年级 5

面对挫折

主题班会设计方案

一、教育目标

1. 引导学生正确认识挫折对成长的意义。
2. 指导学生有效应对挫折。

二、教育重点

教育学生正确面对挫折。

三、教育过程

（一）引入

进入九年级,面对忙碌的学习生活、成绩不理想、解不完的难题、亲人的叮嘱等,压得同学们透不过气来。于是,有的同学目标动摇了,斗志消沉了。面对挫折,该怎么办？

（二）看一个现象

草地上有一个蛹,被一个小孩发现并带回家。过了几天,蛹上出现了一道小裂缝,里面的蝴蝶挣扎了好长时间,身子似乎被卡住了,一直出不来。天真的小孩看到蛹中的蝴蝶痛苦挣扎的样子十分不忍,于是就拿起小剪刀把蛹壳剪开,帮助蝴蝶脱蛹而出……

猜猜看,结局会怎样？

然而,由于这只蝴蝶没有经过破蛹前必须经过的痛苦挣扎,以致出壳后身躯臃肿,翅膀干瘪,根本飞不起来,不久就死了。

讨论:蝴蝶为什么会过早死去？

小结:失去了成长的必然过程。蝴蝶的成长必须在蛹中经过痛苦的挣扎,直到它的翅膀强壮了,才会破蛹而出。人的成长也是如此,人生在世,谁都会遇到挫折。但是,挫折≠失败,我们要正视挫折。

(三)正视挫折

袁某,是永川镇人。破旧简陋的房子,中间和左侧还是布满裂缝的土墙,屋内只有几张床和电视机,这就是他的家。早在他年幼时,父亲患肺癌去世,留下患病的哥俩与母亲相依为命。哥哥后来也因病离世。

而他自己自三岁患病之后,开始肌肉萎缩、肌无力。医生也开过一些药,需要长期坚持按时服用,但这笔花销,仅仅能控制病情。后来因家境拮据,加上服用后没见好转,袁某停止服药。因为要背着袁某四处求医,加上要照顾生活起居,母亲谢某只能守着家里的一亩三分地,一年下来也没多少收入。

求医无果,袁某的病情逐渐恶化,到初中时,他只能走平路,移步也很慢,上下楼梯更是腿脚无力,必须要人背。到14岁时,他被疾病"按"进了轮椅。自那之后,站立成了他的奢望。

袁某坐上轮椅后,妈妈暗暗发誓:绝不让儿子辍学乞讨!在厄运的接连打击中,袁某并没有就此低头,给了妈妈不少惊喜。八年级时,袁某考进年级前十,学校组织颁奖时,也给她戴了一朵大红花。他妈妈没有想到,命运多舛的儿子,竟能取得这样的成绩。上初中时,最好的时候,袁某的成绩能排在年级第二。高考成绩出来后,袁某以670分的高分拿到了西南财经大学的录取通知书。

这个坐在轮椅上的男孩,他逆风翻盘,向阳而生的样子真帅!

故事小结:遭遇挫折并不一定都是坏事,它对我们的影响具有两重性。它固然会给我们的身心造成打击和压力,带来精神上的烦恼和痛苦,但也能使我们经受考验,得到锻炼,迈向成功。

(四)直面挫折的态度

遇到挫折时,是迎难而上,勇于战胜挫折,乐观、自信、勇敢,还是畏难止步,向挫折屈服,逃避、掩饰、屈服?

案例:昨天我为一道数学题思考到夜里12点,但还是不会做,我数学成绩一直很优秀,我不能去问别人,让别人知道我不会。

讨论:你认为这种想法好不好?

(五)总结

挫折和失败在人生的道路上不可避免。我们成长的过程曲折坎坷,总是伴随着辛酸与烦恼。而挫折好比一块锋利的磨刀石,我们的生命只有经过它的打磨,才能闪耀出夺目的光芒。"不经历风雨,怎能见彩虹?"经历了挫折的成长更有意义,挫折其实是一笔财富。多少次艰辛的求索，多少次噙泪的跌倒与爬起，都如同花开花落一般，为我们今后的人生道路做好了铺垫。成长的过程好比在沙滩上行走，一排排歪歪曲曲的脚印，记录着我们成长的足迹，只有经受了挫折，我们的双腿才会更加有力，人生的足迹才能更加坚实。

祝愿同学们在未来的人生旅途中能逆风飞扬，坦然地面对挫折、挑战挫折、最终战胜挫折！

九年级 6

积极应对挫折
主题班会设计方案

一、教育目标

1. 知识目标:通过学习使学生掌握积极应对挫折的有效方法。
2. 能力目标:提高学生的心理承受能力,培养学生抗挫折能力。
3. 情感、态度与价值观目标:培养学生不畏挫折的心理品质和乐观向上的生活态度,使自己在挫折中奋进。

二、教育重、难点

重点:正确认识挫折,树立战胜挫折的信心和勇气。
难点:学会应对挫折的有效方法。

三、教育过程

(一)课题引入

1. 什么是挫折?
提示:学习困难、考试失利、比赛未取得名次等。
2. 说说自己最近遇到的或印象最深刻的一次挫折,并谈谈当时的感受。
(学生展示自学内容,并说出自己经历的挫折。)

(二)自我展示

现场辩论:挫折的影响(即为什么要积极应对挫折)。
正方:挫折的积极影响(挫折是好事)。
反方:挫折的消极影响(挫折是坏事)。
学生分为两大组,由一名小法官来主持辩论。

挫折的消极作用：挫折能使人们前进的步伐受阻，产生忧愁、焦虑、不安、恐惧等消极心理。

挫折的积极作用：挫折也有利于人们磨炼意志，增长才干和智慧。

辩论结果：挫折是把双刃剑，双方共同获胜。

（三）合作探究，适时点拨

案例一：上学期期末考试，王红因为语文没有考好，因此没有被评上"五星级"学生。直到现在，她一想起这件事就会掉眼泪，甚至有些灰心丧气。

案例二：班干部王冰，学习积极认真，各方面表现都不错。然而一次语文课，老师正在黑板上抄题时，王冰的同桌不停地拉扯她，王冰忍无可忍说："好好做题，别打扰我。"语文老师顺着声音用责备的目光盯着王冰说："王冰你怎么能在课堂上随便讲话？"一向自尊心很强的王冰心里很是难受。从此以后，王冰一看到语文老师就躲开。她怕上语文课，憎恨语文老师，从而使语文成绩一落千丈。

案例三：小宇今天的心情真是糟透了，先是因为忘带作业本被老师批评，又不小心把墨水洒在了同学身上，还把钢笔摔坏了，小宇因此闷闷不乐。

教师：他们受到了什么挫折？在挫折面前他们是怎么做的？假如你是他们你将怎么做？面对挫折时你用的是什么方法？

（学生以组为单位进行小组讨论，自己总结出应对挫折的有效方法。）

（四）成果展示，精讲释疑

1. 及时调整，正确归因

第一，要有一个辩证的挫折观，经常保持自信和乐观的态度。第二，要冷静、客观地分析挫折产生的原因，积极寻求战胜挫折的办法。分析造成挫折的原因，是自然因素还是人为因素，分析确立的目标是否适当，自己的智力、能力、体力是否与目标相适应。如果目标定得过高，就要适当降低或更改，不要把远期目标当作近期目标。

2. 合理宣泄，稳定心态

遇到挫折时产生的情绪如流水一般，堵是堵不住的，正确面对挫折的方法是进行合理宣泄，向朋友、同事、亲人倾诉，寻求他们的帮助和支持。人是群居动物，在人群中不仅可以得到帮助，获得信息，还可使情绪得到宣泄，从而保持心理平衡、健康。

3. 接纳自我，承受挫折

面对挫折，要正确评估自己的能力，对自己充满自信，不因挫折而丧失信心和锐气。不要认为"我不行"，不要一味地拿自己的缺点与别人的优点相比，而是要找出自己的优势和特长，也要正确认识别人的优点，做到取长补短。

同时要提高自己的心理承受能力。心理承受能力是指遇到挫折时,能积极自主地摆脱困境并使自身心理和行为免于失常的能力。在目标确定后,要做好成败的两手准备,有了"最坏"的打算,就会无形中增强心理承受力,同时继续向成功的方向努力,就能减少盲目性、被动性,增强主动性。

(五)成果检测

教师:通过今天的学习,你打算怎样去解决自己最近遇到的挫折呢?

(学生在纸上写出办法。)

(六)谈感想

教师:通过这节课的学习,同学们有什么感想?(背景音乐《我相信》)

(学生各抒己见,对今天学习的知识进行回顾。)

九年级 7

法在身边

主题班会设计方案

一、教育目标

1.引导学生树立法治观念。
2.教育学生遵纪守法。
3.指导学生纠正不良行为。

二、教育重点

培养学生遵纪守法的意识和能力。

三、教育过程

(一)引入

在我国,青少年犯罪案件数量日渐攀升,这些犯罪行为的形成,除了受某些外界因素的影响外,青少年的自身原因也很重要。那么怎样才能预防未成年人犯罪呢?中小学生应认真学习法律知识,运用法律武器来保护自己的合法权益。

(二)常见的违法行为

1.违反治安管理处罚条例的行为。
2.违反交通管理法规的行为。
3.违反义务教育法的行为。
4.违反环境保护法的行为。
5.民事侵权的行为。

(三)辨别

以下哪些行为属于违法行为?

1.在电影院、公共汽车站等场所起哄、吵闹、滋事、斗殴。

2.扰乱学校正常的教学秩序,妨碍教学活动的顺利进行。

3.故意损毁、移动施工路段覆盖物、标志、围栏,妨害公共安全。

4.偷窃、勒索少量公私财物。

5.故意损毁路灯、邮筒、公用电话等设施。

6.破坏草坪、花卉、树木。

7.使用音响器材音量过大,不听劝阻。

8.骑自行车双手离把或两人扶肩行驶,妨碍交通。

9.接受九年义务教育的学生无正当理由而中途辍学。

10.损害他人的荣誉,如对获得光荣称号的模范人物进行挖苦、讽刺、打击。

(四)探讨

1.案例一:在星期五放学回家的路上,小丽和小娟正相约一起去买学习用品。她俩正在路上走着时,突然闯出两个坏人,恶狠狠地叫她们把钱拿出来,小丽与小娟吓得直哆嗦。当坏人进一步逼迫时,小丽与小娟开始同他们周旋。当坏人威胁要用刀捅她们时,她们假意乖乖地把钱物交出来,过后小丽与小娟立即报了警,于是两个坏人被绳之以法。

讨论:案例中的主人公是怎样进行自我保护的?

2.案例二:一天晚自习后,19岁的应届高中毕业生小华在回家的路上遇到两名歹徒抢劫。为此,这个勇敢的青年与两名歹徒展开了殊死搏斗,在搏斗中被歹徒刺中11刀后死亡。

交流:你对小华与歹徒搏斗出现的结果有何感想?

3.探究:自我保护的要领。

一是力量对比。

二是周围环境的利用。

三是机智求助他人。

四是主观心理的调节。

五是人身安全第一。

六是避免无谓地激怒对方。

七是暂时妥协,事后报案。

八是运用法律保护自己。

（五）青少年犯罪的特点

1.共同犯罪、结伙作案多,带有"黑帮"性质的团伙犯罪亦有增加趋势

这是由青少年年龄小、思想不成熟和依附性强等特点所决定的。他们在实施犯罪时往往有胆怯心理,总感觉一个人作案势单力薄,所以就纠集多人,形成"作案氛围",既能互相壮胆,又能分工合作。

2.严重犯罪较多,作案手段比较野蛮和凶残,往往不计后果

青少年正处在成长发育阶段,生理发育很快,但心理发展却比较慢,在思想上表现为不成熟,容易走向歧途,并且易受到外界感染、刺激,产生感情冲动,走向极端。这些人或行凶杀人,或暴力抢劫,或实施强奸,犯罪手段恶劣,带有一定程度的疯狂性。

3.突发性犯罪多,作案动机、目的比较单纯,带有一定的盲目性

由于青少年年龄小,社会经验少,考虑问题比较简单,犯罪动机单纯,很少预谋,突发性犯罪比较多。

4.犯罪的手段成年化、智能化和年龄低龄化

在青少年犯罪中,不少犯罪手段成人化,且有不少是高智商犯罪。

实际上,现在很多制造电脑病毒的"高手"都是青少年。再者,犯罪的低龄化也比较突出,十三四岁的小孩动辄拿刀伤人、杀人,犯罪者的年龄越来越小。

5.从青少年犯罪的教育改造情况来看,反复性强,再犯的可能性大

青少年模仿性强,正是"近朱者赤,近墨者黑"的时期。有可能在看守所、监狱里的"交叉感染",使其学会了更多的犯罪"技术",由以前的"一面手"变成"多面手",并且胆子更大,反侦查力更强。这恐怕是重大、恶性案件在青少年中不断发生,并且青少年犯罪率居高不下的一个重要原因。

（五）增强自我保护意识

1.要依法自律。
2.要正确对待父母和学校的教育。
3.要勇于运用法律武器保护自己的合法权益。

（六）总结

希望同学们能走好青春的每一步,树立法治意识,做一个懂法、守法的好学生、好公民!

九年级 8

青春的磨难
主题班会设计方案

一、教育目标

1. 引导学生认识磨难的多重属性。
2. 教育学生正确对待压力。
3. 指导学生调节学习压力。

二、教育重点

指导学生调节学习压力。

三、教育过程

（一）引入

播放音乐《阳光总在风雨后》。

（二）心理小测试

观看图片。（如图9-8-1）

图9-8-1

你看这张图片是不是在动呢？心理医生说，上面这个图片与心理压力有关，你的心理压力越小，图片转动越慢。

1.如果你看到图片是静止不动的,证明你没有什么心理压力。

2.如果你看到图片中的纹理是有一点点缓慢转动的,那就证明你存在着一定的心理压力。

3.如果你看到图片是高速旋转的,那证明你目前正承受着较大的心理压力。

（三）心理压力大家谈

请大家谈谈自己有哪些方面的心理压力。

（四）怎样看待考试压力

学习压力与学习效率的关系：适度的学习压力可以激发人的干劲和潜能,提高学习效率；没有学习压力,可能会使人失去动力,停滞不前；过度的学习压力又会使人陷入焦虑,影响学习效率和已有水平的发挥。

（五）如何调节压力

1.调整认知的方法

压力大小，看你怎样看待它。比如你成绩下降了，这时如果你认为这是一个莫大的损失，或是认为自己就从此没有前途了，你的压力就会越来越大，直至不堪重负。相反，这时如果你认识到这并不是末日，而是得到的经验教训，那你就会轻松多了。

因此，在压力巨大、感到焦虑的时候，你把面前的事件当作是长远奋斗中的一次锻炼提高的机会，而不是利益攸关决定最终胜败的决战，你的压力就会减轻一大半。压力可能还会变成动力。

遇到压力时，深呼吸一口气，让自己选择理性，而不是听任焦虑情绪像滚雪球那样蔓延发展。这时不妨要求自己接受它，看看最坏结果能怎样？往前方看，向既定目标行动。可以先给自己提出四个问题。

第一,这事对我真的像担心的那样吗？

第二,考虑到事实情况,我的想法和感受合理吗？

第三,这一情况是不是可以改变呢？

第四,采取行动值得吗？

然后,不要再患得患失,瞻前顾后,像卡耐基说的那样"活在和别的日子完全隔绝的今日里",放松地想办法,尽力而为。

2.调整行为的方法

(1)认真思考,建立合理的目标,即经过努力可实现的目标。

(2)做自己能做的、有意义的事情。

其实,要轻松自在很简单,从造成压力的角度,天下只有"三类事",要区别处理好。

第一,要打理好"自己的事",像学习、工作、生活。

第二,不去管"别人的事"。

第三,不操心"老天爷的事",如还会不会再爆发经济危机,气候会不会越来越热,我会不会永远健康等。

(3)克服自己过分追求完美的性格或方式。

(4)把事情变简单,把握实质,即抓主要矛盾,而不要胡子眉毛一起抓。

3.调整时间的方法

(1)重视、思考和抓紧眼前所要干的事。

(2)制订好时间表、备忘录。

(3)拒绝拖延,说干就干,不要总顾虑干不好。

(4)留有休息时间,劳逸结合。

(5)放慢节奏。

4.学会放松的方法

(1)倾诉。

(2)多参加文体活动。

(3)培养休闲爱好。

(4)开怀大笑。

(5)做一些放松训练,如深呼吸、身心放松训练、自我催眠等。

(六)总结

换一副"眼镜"看世界,我们就把磨难变成动力,迎难而上,与成功相约!

九年级 9

期中考试动员

主题班会设计方案

一、教育目标

1. 指导学生正确认识考试。
2. 引导学生积极备战考试。
3. 教育学生认真参与考试。

二、教育重点

教育学生认真参与考试。

三、教育过程

(一)认识考试

考试有四大意义:

第一,考试是最好的复习。

第二,考试是最好的查漏补缺。

第三,考试是对最近学习状态的一次最佳反馈。

第四,考试是对自己心理状态的一次最好磨炼。

(二)如何对待考试

1. 静

在静谧的非洲大草原上,一头狮子在沉思当明天太阳升起时,它要追上跑得最快的羚羊。此时,一只羚羊也在沉思,当明天太阳升起时,对手仍然是跑得最快的狮子,想要活命,就必须在赛跑中获胜。因此无论你是狮子,还是羚羊,当太阳升起时,你要做的,就是奔跑。

在将要来临的期中考试中,无论你"强"如狮子,还是"弱"似羚羊,面临的压力都是相似的。我们现在要做的是全力以赴,时刻对自己喊一声"加油"!

2.勤

考试是一面镜子,会逼真地照出平时学习的模样。天才是1%的天分加99%的努力。

3.巧

(1)高效率复习。

(2)端正态度,态度决定一切。

(3)保持专注的状态。

(4)合理安排时间,有计划地复习。

(5)全面梳理,做到不遗漏知识点。

(6)找准薄弱内容,强化学习。

4.备考学习要点

语文:多读、多背、多思;梳理知识点;广泛阅读,用笔记本积累写作素材。

数学:多练、多反思,归纳书本知识体系;阅读错题本,避免重复犯错。

英语:多听、多读、多记,增强语感;多写、多练,阅读英语材料,加强写作;学习使用字典;敢于表达。

物理:反复阅读教材,理解透彻,精准把握公式含义;多练习并总结对错,举一反三。

化学:阅读、理解教材,记住基础知识;多做题,理思路;多总结,找规律;记住公式并熟练运用。

道德与法治:阅读教材,梳理知识点,厘清答题思路,分析比较各类题型的联系和区别,归纳答题要点。

历史:把课本当成故事看,提高兴趣;原因和事件联想记忆;多角度比较,总结答题要点。

5.信

(1)只有做到诚实守信,才可能真正实现理想和抱负。

(2)把考试当作检验知识的标准,真实的成绩能让同学们清楚地认识到自己所处的位置。

(3)公平竞争。大家要明白付出才有收获,才能获得过硬的知识和本领。

(三)如何处理考试试卷

首先是要和老师"抢"时间,在老师评讲试卷之前自己先研究试卷、解决问题。考后应该比考前和上考场更重要,因为一旦老师评讲之后,失误和考查的知识点都告诉你了,如果缺少你自己的分析和研究,很难留下深刻的印象。

其次是如何对答案。每次试卷做完后,我们都应把自己做的情况和答案对照。现在的试卷答案都有详细的试题分析,如果只全盘接受,效果就会很差。对答案时应先看答案要点,与自己得出的答案进行比对,然后总结错误——是没理解题意,或是知识点没掌握,还是马虎大意了,最后才去看试题详细分析。这样,一道题研究透了,就能举一反三。

最后是一定要找出自己失分原因和错误类型,一道题在考场上没有做出来,考后一定要再去做。如果考后你可以不看答案独立做出来,就说明你不是知识点没掌握,而是考场上心态不好;如果考后反复研究仍没有思路,那就是真的是没有掌握知识点,你就要补上知识漏洞;如果这个题是由于小细节没做出来,就说明你对这个知识点理解不透彻。这看似马虎,实际上是没有吃透知识。这时你应更深入、更全面地去学习这个知识点,直到完全、透彻地理解。

(四)总结

相信自己行,才会我能行;
别人说我行,努力才能行;
今天若不行,明天还能行;
能正视不行,也是我能行;
不但自己行,帮助别人行;
争取全面行,创造才最行。

九年级 10

有效复习与诚信考试
主题班会设计方案

一、教育目标

1. 指导学生认识考试的意义。
2. 引导学生有效复习。
3. 教育学生诚信考试。

二、教育重点

引导学生有效复习,教育学生诚信考试。

三、教育过程

(一)设问:为什么要考试

1. 测试你对某门课的掌握程度。
2. 测试你的学习方法和学习能力。
3. 评估教师的教学质量。
4. 测试你是否诚实。

(二)介绍常见考试定律,活跃气氛

1. 考试不公平定律:别人把你的答案照抄了一遍,得了60分,而你却得了59分。
2. 考试倒霉定律:仅为了一道1分的题作弊,就像你弯下腰去捡1角钱,却掉了10元钱。
3. 考试递推定律:你偷看前面的人的考卷时,后面的人一定在偷看你的考卷。
4. 考试考场气氛定律:考场气氛永远不会活跃,除非老师突然离开。
5. 考试矛盾定律:抄别人答案时,你总想让老师看不见你。别人抄答案时,你总想让老师看见他。

6.考试墨菲定律:你往往相信偷看来的答案是对的,可往往你自己的答案才是正确的。

7.考试时间换算定律:考试前,1秒等于10分钟。考试时,10分钟等于1秒。

8.考试时间价值定律:你唯一知道时间的宝贵是在考试结束铃响起的那一刻。

(三)考前复习方法介绍

1.网络式复习法

(1)有的考试时间比较紧。面对这种情况,可以采取"网络式"复习法,即采用编、章、节、标题、要点五个层次对教材进行梳理和编织记忆网络。这样不仅记得仔细,也利于对跨章节的论述题进行回答。

(2)提高"回头率",因为看完一遍之后在脑中几乎留不下任何痕迹。为了防止遗忘,就要看完一节、一章、一部分之后,再回头扫视一遍,让知识得到巩固。

2.空想式复习法

(1)所谓空想式复习法就是不看课本回想看过的内容,或看课本的大纲填充细节。在回忆难以进行时才翻开课本,这样知识对神经元的刺激非常强烈,因而也就更容易刻入脑中。

(2)文科中的事实和理论都需要记忆,而对理论的记忆和背诵,没有理解是记不住的。理解时必须能"从点到面",即"记重点,析难点",看书时能"钻进去,跳出来",做到能在脑中画出知识结构的树形图。最重要的,理解要达到"融会贯通"的程度。

(四)如何理性应对考试

数学:提高准确率。很多人把试卷从头到尾都做完了,但是最后发现很多都错了,这样还不如只做完80%,但是保证每一道题都做对。

语文:研究做题套路。对于语文复习,拿到题目以后,自己先做一遍,然后对照正确答案分析做错的地方及研究做题套路。如在写作文时,设想一下阅卷老师会喜欢什么样的文章,再注意一下错字、病句。

英语:多背单词。英语学习的关键是多背单词。对于写作,最好是把之前的试卷作文答案拿来,把范文背诵得非常流利。实在不行可以先写中文,然后将其翻译成英文。

(五)摆正考试心态

1.增强学习实力。学习信心建立在学习实力的基础上。考试前,查漏补缺,建立知识的体系和网络,强化自己的学习实力,这样能强化信心。

2.走路姿势与步伐是和人内心体验密切相关的。经常挺胸抬头,走路步伐有力,速度稍快,有助于增强信心。

3.不打疲劳战。疲劳战术会使我们陷入心情烦躁的状态之中,从而影响考试的信心。有节奏有规律的起居与复习有利于增强信心。

4.经常微笑。笑是人充满信心的表现,笑和人的自信相互促进,充满信心使人微笑,微笑使人信心增强。经常微笑,内心就会自然滋生自信的体验。

(六)考试目标适当

每个同学都要平衡发展每个学科,确定适当的考试目标。

(七)作弊后果

1.给师生关系和同学关系蒙上了阴影。

2.你对家长、老师和同学有负罪感。

3.你在家长、老师和同学心目中的形象改变了,失去了他们对你的信任。

4.以后生活对你的惩罚要比现在严厉得多。

(八)总结

相信每个同学将认真准备好每一场考试,遵守考场纪律,不作弊,诚信参考,考出自己的水平,向家长和老师汇报最佳成绩!相信自己!全力以赴!

九年级 11

运用记忆规律提升记忆效果

主题班会设计方案

一、教育目标

1. 指导学生了解记忆的特点和规律。
2. 指导学生运用记忆规律，改进记忆效果。
3. 帮助学生掌握科学学习方法，提高学习效率。

二、教育重点

指导学生运用记忆规律，改进记忆效果。

三、教育过程

（一）引入

人的大脑是一个记忆的宝库，经历过的事物，思考过的问题，体验过的情感和情绪，练习过的动作，都可以成为人们记忆的内容。从"记"到"忆"是有个过程的，其中包括了识记、保持、再认和回忆。要想取得好的记忆效果，单纯注重当时的识记效果，忽视后期的保持、再认和回忆是达不到良好效果的。

（二）分析：什么是记忆

在信息的处理上，记忆是对输入信息的编码、贮存和提取的过程，人的记忆能力从生理上讲是十分惊人的，可是每个人的记忆能力被使用的部分只占约10%。这是因为有些人只关注了记忆的当时效果，却忽视了记忆中的更大的问题——即记忆的牢固度问题。这就牵涉心理学中常说的关于记忆遗忘的规律。

（三）艾宾浩斯记忆规律曲线解释

德国有一位著名的心理学家名叫艾宾浩斯，他在1885年发表了他的实验报告后，记忆研究就成了心理学中被研究最多的领域之一,而艾宾浩斯正是发现记忆遗忘规律的第一人。

据我们所知,记忆的保持在时间上是不同的,有短时的记忆和长时的记忆两种。而我们平时的记忆过程是这样的(如图9-11-1):

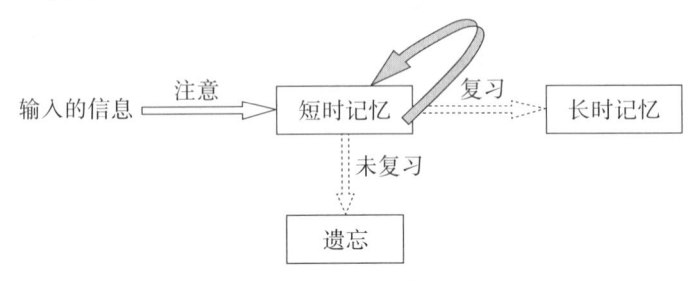

图9-11-1　记忆过程

输入的信息在经过人的注意过程后,便成为人的短时记忆,如不经过及时复习,这些记住的东西就会被遗忘;经过了及时复习,这些短时记忆就会成为人的一种长时记忆,从而在大脑中保持较长时间。

那么,对于我们来讲,怎样才叫作遗忘呢？所谓遗忘就是我们对于曾经记忆过的东西不能再认或回忆,或是错误的再认和回忆,这些都是遗忘。艾宾浩斯在做这个实验的时候拿自己作为测试对象,他得出了一些关于记忆的结论。他选用了一些根本没有意义的音节,也就是那些不能拼出单词的众多字母的组合,比如asww,cfhhj,ijikmb,rfyjbc等。他经过对自己的测试,得到了一些数据。

艾宾浩斯又根据了这些数据描绘出了一条曲线,这就是非常有名的揭示遗忘规律的曲线:艾宾浩斯遗忘曲线(如图9-11-2)。图9-11-2中竖轴表示学习中记住的知识量(百分数),横轴表示时间(天数),曲线表示记忆量变化的规律。

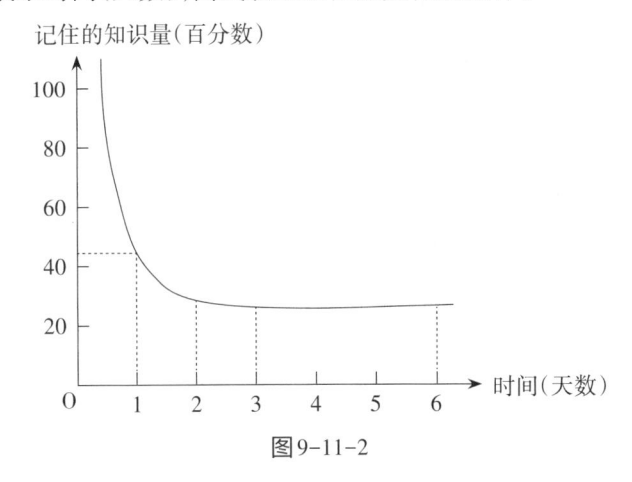

图9-11-2

1.记忆的"先快后慢"原则

这条曲线告诉人们遗忘是有规律的,遗忘的进程不是均衡的,在记忆的最初阶段遗忘的速度很快,后来逐渐减慢,这就是遗忘的发展规律,即"先快后慢"的原则。观察这条遗忘曲线,可知学习知识在一天后,如不抓紧复习,就只能记得原来的33.7%了。

2.不同记忆对象有不同的遗忘曲线

艾宾浩斯还在关于记忆的实验中发现,记住12个无意义音节,平均需要重复16.5次;为了记住36个无意义章节,需重复54次;而记忆6首诗中的480个音节,平均只需重复8次!这个实验告诉我们,凡是理解了的知识,就能记得迅速、全面而牢固。不然,只是死记硬背,那也是费力不讨好的。因此,比较容易记忆的是那些有意义的材料,而那些无意义的材料在记忆的时候比较费力气,在以后回忆的时候也很不轻松。

(四)如何运用记忆规律

1.及时复习:根据遗忘先快后慢的规律,我们的复习要在尚未大量遗忘时及时进行。

2.有效运用记忆术:运用联想等方法对所识记的材料赋予某些人为意义,可以帮助记忆保持。

3.深度加工材料:对所获得的信息进行加工,这样这些信息就可以在头脑中留下较为深刻的印象,而且在提取时也可获得更多的线索,从而有助于回忆。

4.增大熟练程度:在学习达到恰能背诵之后再继续学习,记忆效果最好。

5.分散复习:一般来讲,分散复习的效果优于集中复习的效果。将反复阅读与尝试回忆相结合,这样的效果优于单纯的重复阅读。

(五)总结

记忆是有规律的,希望同学们科学运用记忆规律,提升记忆效果,为中考助力。

九年级 12

成长与成才
主题班会设计

一、教育目标

1. 引导学生理解成长与成才的概念及其相互关系。
2. 激发学生对成长的积极态度和对成才的向往。
3. 行为目标：引导学生制订个人成长计划，明确成才目标。

二、教育重点

激励学生健康成长，砥砺成才。

三、教育过程

（一）导入

以小故事《长大才能成才》引入班会教育：在一片森林里住着小狗爱爱一家和小羊贝贝一家。狗爸爸和羊爸爸想让自己的小宝贝比赛盖房子，还请了动物体操学校的兔老师来当裁判。

"预备——开始！"兔老师大声一喊。贝贝选了一块松软的沙地，开始盖自己理想的房子。但爱爱却选了一块硬邦邦的地来造坚固的房子。贝贝用了不长的时间就盖好了红屋顶、黄色墙的房子，还挺漂亮。但爱爱的地基太难挖了，挖了三天三夜才盖好一间漂亮、坚固的房子。兔老师看了看，想检验一下它们盖的房子的质量，就拿来一根水管接在水龙头上，让水哗哗地流。兔老师用水冲贝贝盖的房子，没多久贝贝的房子就被冲垮了。可爱爱盖的房子呀，无论怎么冲都纹丝不动。这时，羊爸爸抚摸着贝贝的头亲切地说："我们学习就要像盖房子一样，从小打好基础，长大才能成才。"

（二）认知提升

讲解成长与成才的概念，以及它们在人生发展中的重要性。

分享一些名人或身边的人的成长与成才故事，让学生感受到成长的魅力和成才的可能。如以袁隆平、姚明、丁俊晖等人的成长经历为例子。

（三）分组讨论

题目："我在成长中遇到的挑战"和"我希望在哪些方面成才"

每组派代表分享讨论结果，其他同学可以给予建议和鼓励。

（四）互动交流

以丁俊晖的例子，引导学生认识读书与成长成才的关系。

事例：最近一年一度的高考来了，中国斯诺克一哥丁俊晖也录了视频，给没这么多考生加油打气。视频中丁俊晖谈到他没有参加过高考，对他来说是一生的遗憾，了解丁俊晖的球迷都知道，丁俊晖为了打好斯诺克，可以说很小就放弃了学业，把全部精力投入斯诺克的比赛中，曾经和潘晓婷一起成为台球界的金童玉女。相信很多球迷都知道丁俊晖曾经说过"读书无用"，这引起了很多媒体和球迷的热议，曾经年少轻狂的丁俊晖在斯诺克比赛拿到成绩后，赚到钱了，活动多了，当时有些飘了，他自认为读书无用，丁俊晖后来也解释了为什么会说出读书无用的话。他说："那是很久以前说的吧，我当时认为放弃读书的选择是对的。我那时候确实成绩比较差，而且不可能读书与打球两方面同时发展，当时觉得读书对我来说确实没有太大的用处。"回看中国斯诺克的发展，不得不说丁俊晖是幸运的，同时又是不幸运的。因为中国各方面的飞速发展，才给了丁俊晖机会；不幸运的是因为缺少了读书的洗礼，也让丁俊晖在斯诺克这个项目上面打到瓶颈期之后，迟迟不能突破。

开展"成长树"活动：每个学生写下一件自己成长中的小事或感悟，贴在"成长树"上，共同见证彼此的成长。

"成才之路"游戏：设置不同的成才场景，让学生通过选择和决策，体验成才过程中的不同路径和挑战。

（五）制订成长计划

发放个人成长计划表和成才目标卡，引导学生制订具体的成长计划和成才目标。

四、总结

主持人总结班会的收获和亮点,强调成长与成才的紧密联系。

鼓励学生将班会中的感悟和计划付诸实践,不断追求实现成长和成才的目标。

通过本次"成长与成才"主题班会,激发学生的内在动力,帮助他们在成长的道路上更加坚定和自信,为实现个人的成才目标奠定坚实的基础。

九年级 13

正确应对学习压力

主题班会设计方案

一、教育目标

1. 指导学生认识学习压力。
2. 教育学生正确应对学习压力。
3. 培养学生抗压能力。

二、教育重点

教育学生正确应对学习压力。

三、教育过程

（一）引入：由一位学生给老师的倾诉引入课题

下面是小涛同学写给老师的一张纸条。

"老师,你好！我叫小涛,是一个九年级的学生,从开学到现在,我的心情都不太好。一个多月来,我经常出现心烦意乱、失眠等现象,看书复习效率每况愈下,模拟考试成绩一次不如一次,老师和爸妈由关心到埋怨使我痛苦不已,最近经常有大哭一场的冲动,还时常发脾气,真不想上学,不想参加中考！唉！我该怎么办呢？你可以帮帮我吗？"

我们有没有与小涛类似的经历呢？分析一下出现的原因吧！

（二）分析学习压力的来源

学习是学生的主要任务,在应试教育及社会竞争日益激烈的大背景下,学生的学习压力之大可以说是前所未有。

1. 通过调查,发现有70%的学生感受到学习上有压力。其中只有8%的学生在学习上没有压力。
2. 学习压力的大小与学习成绩好坏有关。学习越好的学生学习压力越大,这一点在我们的访谈和问卷调查中均有突出的反映。

3.不同年级、不同学校学生的学习压力不同。在我们的调查中,我们发现重点学校、有升学压力的学校学生的学习压力较高,而没有升学压力的学校,学生学习方面的压力相对较小。

4.学习压力的来源及原因分析

(1)家长的高期望和同伴的竞争。

(2)学习时间过长。

(3)作业量太大。

(4)考试太频繁。

(5)成绩排名。

(三)分析

1.面对考试的压力,不同的同学持有不同的态度。有的同学对结果满不在乎,在学习上过于轻松。有的同学又过度紧张,压力过大。还有的同学对考试既很重视,又善于将压力转化为动力。

2.不同的态度会对考试和考试成绩产生怎样的影响?

满不在乎态度可能不利于学习的进步和考试成绩的提高。过度紧张、压力过大的态度反而会影响到复习的效果,这样也会影响到自己水平的正常发挥。只有对考试既很重视,又善于将压力转化为动力的态度,最有利于将自己的潜能充分发挥出来,考出好成绩。

(四)学习压力对学习的影响

适度的学习压力可以激发人的干劲和潜能,提高学习效率;没有学习压力,可能会使人失去动力,停滞不前;过度的学习压力又会使人陷入焦虑,影响学习效率和已有水平的发挥。

学习需要适度的压力,我们要在现有的基础上给自己提出更高的要求,自觉适度加压,增强学习的动力。

(五)如何将压力转化为动力

案例:中考马上就要到来了,丽丽每天晚上都翻来覆去地睡不好,满脑子都是中考落榜后的情景。每天早上,她总是拖着疲乏的身体来到学校,常觉得脑子一片空白,常常一整天都听不好课,学习效率非常低。

1.丽丽是否面临过大的压力?压力来自哪里?

2.你有哪些应对压力的好办法？说给大家听。

提示：A.将压力看作是学习的动力。B.明确学习的目的,培养学习的兴趣。C.向别人倾诉及进行心理咨询。D.坚持体育锻炼。E.深呼吸或找一个空地大吼,把内心的压力发泄出来。

(六)分析考试焦虑的因素

1.将考试结果看得过重,或者考试难度过大。

2.自我期待过高,努力不够,导致理想和现实有差距。

3.父母、老师对自己的要求过高,超过了自己的实际能力。

4.班级竞争大,别人比自己的学习效果要好。

(七)分析考试焦虑的影响

1.适度的焦虑体现了我们对考试积极认真的态度。

2.过度的焦虑,则会干扰我们的学习,对身心健康造成不利的影响。

(八)如何从容面对考试

1.要树立正确的考试观念,考前认真准备,考中努力发挥,考后接纳自己。

2.要实事求是地调整自我期望,目标要适中,不宜过高。

3.要增强自身实力,把平时练习当成考试,考试当成平时练习。

(九)总结

承受压力的重荷,喷水池才能喷射出银花朵朵;承受学习的压力,我们才能点燃智慧的火花,希望同学们立志进取,负重前行,用拼搏为中考抒写华章！

九年级 14

塑造阳光心态
主题班会设计方案

一、教育目标

1. 引导学生认识良好心态对成长的意义。
2. 教育学生养成良好心态。
3. 激励学生奋发进取，健康成长。

二、教育重点

教育学生养成良好心态。

三、教育过程

（一）引入

我们的年龄在增加，但是愉悦感在下降；我们沟通的工具越来越先进，但是真心的交流越来越少；我们认识的人越来越多，但是真诚的朋友越来越少。

这是哪里出问题了？是我们的心态出了问题。我们今天的沟通，就是要让大家建立起积极的价值观，获得健康丰富的人生。

（二）感受心态的重要性

故事一：有一个教授找了九个人做实验。教授说："你们九个人听我的指挥走过小桥，千万别掉下去，掉下去也没关系，底下就是一点儿水。"九个人都走过去了。走过去后，教授打开一盏小灯，九个人这才发现桥底还有几条鳄鱼。九个人吓了一跳，庆幸刚才没掉下去。教授问："现在你们谁敢走回来？"没人敢走了。教授说："你们要用心理暗示，想象自己走在坚固的铁桥上。"终于有三个人站起来愿意尝试，第一个人走的时间多花了一倍；第二个人走了一半再也坚持不住而退回去了；第三个人才走了三步就吓趴下了。

教授这时打开所有的灯,大家这才发现,在桥和鳄鱼之间还有一层网。大家现在不怕了,几个人都走过来了。只有一个人不敢走,教授问他:"你是怎么回事?"这个人说:"我担心网不结实。"

结论:心态会影响心理。

故事二:一个教授做了一个更加残忍的试验。他把一个死囚关在一个屋子里,蒙上死囚的眼睛,对死囚说:"我们准备换一种方式处死你,我们将把你的血管割开,让你的血滴尽而死。"然后教授打开一个水龙头,让死囚听到滴水声,教授说:"这就是你的血在滴。"第二天早上打开房门,死囚死了,脸色惨白,一副血滴尽的模样,其实他的血一滴也没有滴出来,他是被吓死了。

结论:心态影响生理。

(三)分析:什么是真正的健康

世界卫生组织(WHO)对健康的定义是:健康是指身体、精神和社会适应能力上的完好状态,并不仅是没有疾病,而是在此基础上还要具备心理健康、社会适应良好并且有道德。著名心理学家马斯洛曾说过,健康有以下三个标准:足够的自我安全感,生活理想符合实际,保持人际关系良好。

人有以下几类基本情绪:愉快、惊奇、悲伤、厌恶、愤怒、恐惧、轻蔑、羞愧。"愉快"是正面的,第二个是中性的,其余都是负面的。由于人的负面情绪占绝对多数,因此人不知不觉就会进入不良情绪状态。

我们的目的就是要塑造阳光心态,把兴趣和愉快这两个好情绪调动起来,使大家经常处于积极的情绪当中。

(四)如何塑造良好心态

1.确定奋斗目标

美国一心理学家曾组织100名80岁以上的老人制订长寿计划,有57位的目标是活到100岁以上,结果后来活到100岁的有18位,且全是原来制订了计划的老人。这说明一个道理,定了目标的不一定都能实现,而没定目标的肯定不能实现。

2.运用暗示激励

有效的积极的心理暗示能提高对自我价值的认识,建立充分的自信。包括:自我言辞暗示,如誓师大会、座右铭等暗示;角色假定暗示,如想象自己就是某成功者等。

3.做事持之以恒

某次牛津大学请首相丘吉尔演讲,他说:"我的成功秘诀有三个。第一是决不放弃;第二是决不、决不放弃;第三是决不、决不、决不放弃。"

4.做好细节

精细化管理时代已经到来,每个人一定要注意细节,先把小事做好。很多企业的失败不是在大事上,而是在一些小的细节上疏忽了。例如四川某地因细节管理疏漏而导致井喷。因此,请记住一句名言:天使在想象中,魔鬼在细节里。

(五)总结

良好的心态能让我们心向阳光,迸发出磅礴的生长力。愿我们努力进取,乐观向上,铸就美好青春!

九年级 15

运用科学学习方法
主题班会设计方案

一、教育目标

1. 引导学生认识科学学习方法的重要性。
2. 指导学生运用科学的学习方法。
3. 教育学生创造性地积累个性化的学习方法。

二、教育重点

指导学生运用科学的学习方法。

三、教育过程

（一）学情调研

请按实际情况，用"是""不一定"或"否"回答以下问题。

1. 你的学习除了书本还是书本吗？
2. 你对书本的观点、内容从来不加怀疑和批评吗？
3. 除了小说等一些有趣的书外，你对其他理论书根本不看吗？
4. 你读书从来不做任何笔记吗？
5. 除了学会运用公式定理，你还知道它们是如何推导的吗？
6. 你认为课堂上的基础知识没啥好学，只有看高深的大部头著作才过瘾吗？
7. 你能够经常使用各种工具书吗？
8. 上课或自学你都能聚精会神吗？
9. 你能够见缝插针，利用点滴时间学习吗？
10. 你常找同学争论学习上的问题吗？

第1、2、3、4、6题回答"否"表示正确，其他问题回答"是"表示正确。正确的给10分，错误的不给分，回答"不一定"的题目给5分。最后计算总分。

分数说明：

总分85分以上,学习方法很好。

总分65—80分,学习方法好。

总分45—60分,学习方法一般。

总分40分以下,学习方法较差。

(二)分析学习方法不当的表现与原因

1.表现

(1)学习无计划。

(2)不会科学利用时间。

(3)不求甚解,死记硬背。

(4)不能形成知识结构。

(5)不会听课。

(6)不会阅读或不善于选择阅读书目。

(7)抓不住重点和难点。

(8)理论与实际脱离。

(9)不善于科学用脑。

2.原因

(1)对学习方法的重要性认识不足。

(2)对学习特点认识不足。

(3)对自身的状况和条件认识不足。

(4)学习动机缺乏。

(5)意志薄弱。

(6)缺乏指导与训练。

(三)运用正确的学习方法

学习方法因人而异,但正确的学习方法应该遵循以下几个原则:循序渐进、熟读精思、自求自得、博约结合、知行统一。

1.循序渐进,就是按照学科的知识体系和自身的智力条件,系统而有步骤地进行学习。循序渐进的原则体现为:一要打好基础;二要由易到难;三要量力而行。

2.熟读精思,就是要根据记忆和理解的辩证关系,把记忆与理解紧密结合起来,二者不可偏废。一方面,在记忆的基础上进行理解,理解才能透彻;另一方面,在理解的参与下进行记忆,记忆才会牢固。熟读,要做到"三到":心到、眼到、口到。精思,要善于提出问题和解决问题。

3.自求自得,就是要充分发挥学习的主动性和积极性,尽可能挖掘自我内在的学习潜力,培养和提高自学能力,不要为读书而读书,应当把所学的知识加以消化吸收,变成自己的东西。

4.博约结合,就是要根据广博和精研的辩证关系,把广博和精研结合起来。坚持博约结合,一是要广泛阅读,二是要精读。

5.知行统一,就是要根据认识与实践的辩证关系,把学习和实践结合起来,切忌学而不用。"知者行之始,行者知之成",以知为指导的行才能行之有效,脱离知的行则是盲动。同样,以行验证的知才是真知灼见,脱离行的知则是空谈。因此,知行统一要注重实践,一是要善于在实践中学习,边实践、边学习、边积累。二是躬行实践,即把学习得来的知识用在实际工作中,解决实际问题。

(四)榜样的学习方法

2022级16班刘某某同学的学习方法:进教室,晨读书,做预习,好习惯;课堂上,身心投,记笔记,勤思考;课余间,要利用,自习课,计划好;先复习,后做题,文理科,交叉做;入睡前,当日课,过一遍,做小结;节假日,切莫闲,学思悟,下苦功;遇困难,莫放弃,好心态,定能赢。

(五)总结

学习讲究方法,科学的学习方法是在脚踏实地的学习实践中摸索出来的,希望同学们勤奋进取,不断琢磨,摸索出适合自己的学习方法。

九年级 16

展望明天,规划生涯
主题班会设计方案

一、设计背景

随着中考日益临近,初三学生面临着学业压力、未来选择等多方面的挑战。为了帮助学生们更好地规划自己的学业和人生道路,我们设计了以"展望明天,规划生涯"为主题的班会。

通过班会,我们希望引导学生们认识自我、明确目标、制订好计划,并激励他们为实现梦想而努力奋斗。

二、教育目标

1. 帮助学生认识自己的兴趣、特长和价值观,为未来的学习和职业发展打下基础。
2. 引导学生制订切实可行的短期和长期目标,明确未来的发展方向。
3. 鼓励学生树立信心,以积极的心态面对学业和生活中的挑战。
4. 增强学生的自我管理能力,提高学习效率和综合素质。

三、教育重点

激励学生奋力冲刺中考,实现人生梦想。

四、教育过程

(一)班会准备

1. 提前一周通知学生班会主题,要求学生准备自我介绍的PPT或演讲稿。
2. 收集一些关于生涯规划的资料和案例,为班会提供参考。
3. 准备相关的视频、音乐等多媒体素材,营造氛围。
4. 安排班会流程和时间节点,确保班会顺利进行。

（二）班会流程

1.班主任简要介绍班会的背景和目的,鼓励学生积极参与。

2.学生轮流上台介绍自己的中考目标和人生长远规划,展示PPT或演讲,分享自己的兴趣、特长、梦想等。

3.班主任和其他同学对每位同学的介绍给予积极的反馈和建议。

4.班主任分享4—5个有典型性的生涯规划案例,激发学生的兴趣和热情。

5.邀请班上学习成绩优异或在某一领域有优势的同学分享他们的经验和心得。

6.通过个人分享交流后,再进行分组讨论:学生分成若干小组,讨论并制订自己的短期目标(中考目标)和长期目标(未来职业规划)。

7.每个小组选派一名代表上台分享他们的目标制订过程和结果。

8.对学生的目标制订给予指导和建议,强调目标的可行性和可衡量性。

9.学生根据自己的目标制订具体的行动计划,包括学习方法、时间管理、心理调适等方面的内容。

10.学生们分享自己的行动计划,相互学习和借鉴。

11.班主任对本次班会进行总结,强调生涯规划的重要性和意义。鼓励学生将所学到的知识和经验应用到实际生活中,为实现梦想而努力奋斗。

12.启发学生向班主任或班上其他同学提问,共同探讨生涯规划中的疑惑。

班主任和学生积极互动,解答问题,分享经验。以学校和美之星、学习之星、阅读之星、体育之星、劳动之星、艺术之星、科技之星等优秀学生代表的生动案例,教育引导学生立足当前,憧憬未来,明确中考目标,争分夺秒,激发潜能,把梦想变成扎扎实实的行动,不断把大目标变成一个一个小目标,进而化成课堂专注的行动,历练成长,圆梦中考。

五、班会后续

1.跟进学生目标实现情况,定期进行检查和调整。

2.组织定期的生涯规划辅导活动,帮助学生不断完善自己的人生规划。

3.建立学生生涯规划档案,记录学生的成长历程和进步情况。

六、班会评价

本次班会取得了圆满成功,学生积极参与、互动热烈。通过班会的开展,学生对自己的兴趣、特长和价值观有了更深入的认识,同时也明确了未来的发展方向和目标。我们相信,在未来的学习和生活中,学生一定能够充分发挥自己的潜力,实现自己的梦想。

本次班会也存在一些不足之处,如时间分配不够合理、互动环节不够充分等。我们将在今后的班会中不断改进和完善,为学生提供更好的学习和成长平台。

七、总结

本次学生生涯规划主题班会的成功开展,不仅让学生对自己的未来有了更清晰的规划,也让他们学会了如何制订目标和计划,如何面对挑战和困难。这次班会不仅是一次知识的传递,更是一次心灵的触动和激励。我们相信,在未来的日子里,学生一定能够勇往直前,为自己的梦想而努力奋斗!

九年级 17

淬炼青春，圆梦中考
主题班会设计方案

一、设计背景

中考是每个学生人生中的重要节点，它不仅是学业的一次大考，更是对青春的一次淬炼。在距离中考仅剩百日之际，为了激发学生的斗志，增强他们的信心，我们设计了这次以"淬炼青春，圆梦中考"为主题的百日誓师主题班会课。

二、教育目标

1. 激发学生对中考的紧迫感和责任感，让他们认识到中考的重要性。
2. 帮助学生树立信心，坚定信念，以积极的心态迎接中考。
3. 通过分享和讨论，让学生明确自己的中考目标，制订具体的复习计划。
4. 培养学生的团队合作意识和自主学习能力，提高学习效率。

三、教育重点

激发学生挑战中考的潜能，为青春交上完美的答卷。

四、教育流程

（一）班会准备

1. 提前一周通知学生班会主题，要求学生准备自己的中考目标和复习计划。
2. 收集一些关于中考备考的经验和技巧，为班会提供参考。
3. 准备相关的视频、音乐等多媒体素材，营造氛围。
4. 安排班会流程和时间节点，确保班会顺利进行。

(二)班会流程

1. 班主任简要介绍班会的背景和目的,强调中考的重要性和意义。

2. 分析形势,指出世界有三大巨变不可逆转。

一是知识经济加速推进。以往我们听说的大富豪主要集中在掌握了石油、天然气、矿产等资源的群体中。将来在知识经济时代,资产的积累将主要靠知识。知识越多,技术升级的机会就越大,创新发明的成果就越多。

二是人才争夺异常激烈。人才将是最宝贵的资源,国家之间的竞争是人才的竞争。世界人才中心将从欧美向亚洲扩散,中国2022年全球财富500强企业数量高达136家,其中腾讯、阿里等公司对人才提供的待遇有国际竞争力。华为科技公司的英才计划为人才提供的年薪达200多万元。

三是家庭对教育的重视将会达到前所未有的程度。家长对子女的教育问题会变得特别重视,当然,中考压力也会随之更大。

3. 分享一些中考备考的经验和技巧,帮助学生更好地备考。

4. 学生轮流上台展示自己的中考目标和复习计划,分享自己的备考经验和心得。

其他同学对展示的同学给予积极的反馈和建议,相互学习和借鉴。

5. 分组进行团队挑战,每个小组制订自己的中考目标和行动计划。

每个小组选派一名代表上台分享他们的目标和行动计划,并作出承诺。

班主任和其他同学对各个小组的目标和行动计划给予指导和建议。

6. 播放一些励志的视频和音乐,激发学生的斗志和信心。

7. 班主任对本次班会进行总结,强调中考的重要性和意义。

全班同学共同宣誓,表达自己对中考的决心和信心。

(誓词)淬炼青春,圆梦中考

鸾翔凤集,风中骄傲。

三年寒窗,百炼成钢。

五月出鞘,崭露锋芒。

天地可鉴,恩师作证,

我以青春的名义,郑重宣誓:

珍惜100天,让青春分秒发光;

苦战100天,让目标炽热闪耀;

拼搏100天,让热血燃烧心中;

磨砺100天,让成长圆梦大考!

五、班会后续

1. 定期跟进学生的中考目标和复习计划,帮助他们调整和完善。
2. 组织定期的复习辅导和模拟考试,提高学生的应试能力。
3. 建立中考倒计时牌,提醒学生时间的紧迫性,增强他们的紧迫感。

六、班会评价

本次中考百日誓师主题班会课取得了良好的效果,学生积极参与,互动热烈。通过班会的开展,学生对中考有了更深刻的认识和理解,同时也明确了自己的目标和计划。我们相信,在接下来的日子里,学生一定能够全力以赴,为自己的梦想而努力奋斗!

七、总结

本次中考百日誓师主题班会不仅是一次简单的课堂活动,更是一次心灵的洗礼和激励。通过班会的开展,学生不仅明确了自己的中考目标和复习计划,更重要的是激发了他们的斗志和信心。在未来的日子里,学生将用汗水和努力淬炼自己的青春,为实现中考梦想而努力奋斗!

九年级 18

坚守纪律红线
主题班会设计方案

一、设计背景

在学校生活中,纪律是维护秩序、促进学习的重要保障。然而,随着中考临近,有少数感到升学无望的同学可能会做出违反纪律的行为,这不仅影响了自己的学习和成长,也对班级备战中考的氛围造成了负面影响。因此,本次班会以"坚守纪律红线"为主题,旨在通过讨论、分享和反思,让同学们认识到纪律的重要性,自觉遵守学校的规章制度,共同营造一个良好的中考备战环境。

二、教育目标

1.让学生了解遵守纪律的重要性和必要性,认识到违反纪律的后果和影响。

2.通过分享和讨论,让学生牢记作为一名中学生应有的行为规范,自觉遵守学校规章制度。

3.培养学生的自律意识和集体荣誉感,形成积极向上的班级氛围。

4.引导学生反思自己的行为,及时纠正不良习惯,提高自我管理能力。

三、教育重点

引导学生严格遵守纪律,创造良好的学习环境。

四、教育过程

(一)开场白

班主任简要介绍班会的背景和目的,强调纪律在当前学习生活中的重要性。

(二)观看纪律教育视频

播放一段关于学生在上课时打瞌睡及聊天的视频,让学生认识纪律的重要性和必要性。

(三)分享与讨论

学生轮流上台分享自己对于纪律的理解和看法,以及自己在学习和生活中相关的经验和教训。

班主任和其他同学对分享的经验及教训进行点评和补充,共同讨论如何更好地遵守纪律,提高自我管理能力。

(四)案例分析

班主任选取几个典型的违反纪律的案例,让学生分析其中的问题和原因,并提出解决方案。

通过案例分析,让学生更加深入地了解违反纪律的后果和影响,增强他们的纪律意识。

(五)制定班级中考纪律公约

全班同学共同讨论并制订班级纪律公约,明确每个人的权利和义务及违反公约的后果和处理办法。

将制订好的公约张贴在班级公告栏中,供全班同学共同遵守。

(六)宣誓与承诺

全班同学共同宣誓,承诺将严格遵守班级纪律公约和学校规章制度,共同维护班级纪律和秩序。

(七)班会总结

班主任对本次班会进行总结,强调纪律的重要性和必要性,鼓励同学们自觉遵守纪律、共同营造良好的学习环境。

五、班会后续

1.定期回顾和更新班级纪律公约,确保其适应班级发展的需要。

2.加强对学生日常行为的监督和管理,及时发现和纠正违反纪律的行为。

3.组织开展纪律教育活动,如主题班会、讲座等,不断提高学生的纪律意识和自我管理能力。

4.建立班级纪律奖惩机制,对表现优秀的同学进行表彰和奖励,对违反纪律的同学进行适当的惩罚和教育。

六、班会评价

本次坚守纪律红线主题班会课取得了显著的成效。通过视频观看、分享讨论、案例分析和制订公约等环节,同学们对纪律的重要性有了更加深入的认识和理解。同时,通过制订班级纪律公约和宣誓承诺等环节,同学们明确了自己的行为规范和责任义务,增强了自律意识和集体荣誉感。

七、总结

本次坚守纪律红线主题班会课不仅是一次有意义的班级活动,更是一次深刻的纪律教育。通过班会活动,学生不仅认识到了纪律的重要性和必要性,也明确了自己的行为规范和责任义务。在未来的学习和生活中,学生将会更加自觉地遵守学校规章制度,严格要求自己,不断提高自我管理能力。同时,班级整体氛围也将得到改善和提升,形成积极向上的班级文化。

此外,本次班会还增强了学生的集体荣誉感和团队凝聚力。在制订班级纪律公约和宣誓承诺的过程中,全班同学共同参与了班级事务的讨论和决策,增强了他们的归属感和责任感。这种团队精神将在未来的学习和生活中定能发挥重要作用,促进同学之间相互支持、共同进步。

总之,坚守纪律红线主题班会课在提高学生的纪律意识和自我管理能力、改善班级氛围、增强集体荣誉感等方面都具有重要意义。作为教师,应该继续加强纪律教育工作,为学生的全面发展和成长创造更好的条件。

九年级 19

破茧成蝶话中考
主题班会设计方案

一、教育目标

  1.引导学生尽快进入中考备战状态。
  2.教育学生努力拼搏,激活状态。
  3.教育学生树立中考目标,奋发有为。

二、教育重点

  教育学生激活学习状态,备战中考。

三、教育过程

(一)引入:新学期有什么新期待

  新学期,新起点,新征程。从现在起,我们要消除"寒假综合征",以满腔的热忱、饱满的精神投入学习生活中,备战中考。

(二)中考成功在于尽快调整好状态

  一个好的学习状态会让我们达到事半功倍的效果。
  状态调整要做到以下几点:
  1.从自由松散到紧张有序。
  2.从慢节奏到快节奏。
  3.从低强度到高强度。
  4.从小容量到大容量。

(三)中考成功在于目标明确

1.指导学生填写目标卡

(1)5月的测评考试,我的目标是什么?

(2)6月联招考试,我的目标是什么?

2.议一议,说一说

(1)开学了,我的感受是什么?我的学习计划是什么?

(2)你认为自己是聪明人吗?

(3)你认为自己是笨人吗?

(4)你认为自己是一般人吗?

(四)中考成功在于尽早做好计划

计划是实现目标的前提,没有计划,目标就成了水上浮萍,没有根基。做事没有计划,结果不是"眉毛胡子一把抓",就是"盲人摸象"一样,只见树木,不见森林。

作战讲究"知己知彼,百战不殆"。学习也是一场战斗,计划就是做到"知己",因为要制订出符合自己实际情况的学习计划,必须要"知己"。

(五)中考成功在于激活状态

1.中考状态激活指标

(1)课堂专注。

(2)课后自主。

(3)深入思考。

(4)保持自信。

(5)惜时如金。

(6)沟通交流。

(7)越挫越勇。

(8)有条不紊。

(9)总结归纳。

(10)劳逸结合。

(11)家校如一。

(12)天天进步。

2.以下这些备战策略,你掌握了吗?

(1)你是不是熟悉每科的中考题型?

(2)你是否清楚自己的薄弱学科和薄弱内容?

(3)你上课的时候,注意力是否高度集中?

(4)你是否有对单元或章节进行总结的习惯?

(5)除了老师的安排,你是否有自己的学习计划?

(6)周末回家是否保持了高度的自觉?

(7)你是不是把平时作业当成了考试?

(六)搬开中考路上的绊脚石

1. 自信不足。

2. 过度焦虑。

3. 不反思改进。

4. 课堂专注度不高,浅尝辄止。

5. 不能高效利用时间,喜欢拖延。

6. 和家人闹矛盾。

7. 不接受老师批评。

8. 周末回家玩手机。

9. 凭兴趣学习,学科发展严重失衡。

(七)朗读优秀毕业生发言稿

时光如白驹过隙,初中三年一晃而过。这三年,有欢笑,有泪水。此刻,思绪万千,有不舍和依恋,但心中更多的是激励和希望。

七年级,我们曾怀着满满的期待和憧憬来到凤凰湖中学这片沃土,在这里茁壮成长。三年,我们走过人生风雨,踏实而笃定地走向美好灿烂的花季。我们克服了重重困难,跨过山河大海,到达彼岸。三年,我们褪去懵懂无知,变得成熟稳重;三年,我们不再天真幼稚,变得睿智果断;三年,我们告别贪玩好耍,变得勤奋刻苦。多么幸运,凤凰湖中学将我们联系在一起,有缘相聚,让我们大显身手。在奋力拼搏的过程中,我们感受到生命之精彩,也提升了我们的人生价值。

感谢母校,母校包容了我们的懵懂无知,孕育了我们的睿智果断。在母校的怀抱中,我们不断成长。感谢老师,你们包容了我们的天真顽皮,培养了我们的积极进取。在你们的管理下,我们精益求精,不断进步。三年来,我们学会了超越自我,冷静分析,大胆思考。这一切,都将成为我们生命中最动人的风景线。

同学们,我们将踏上高中的征途,前方便是我们奋斗的方向。

我曾读过一首小诗,愿与大家共勉:

我不去想能否成功,既然理想是远方,便只顾风雨兼程;我不去想身后会不会迎来暴风冷雨,既然目标是地平线,留给世界的只能是背影;我也不去想未来是平坦还是泥泞,只要用心去做,便没有什么不可能!

让我们收拾行囊,携着宝贵的知识财富,带着母校和老师的祝福,踏上人生新征途!谢谢大家!

四、总结

中考是青春梦想的召唤,是人生成长的里程碑,让我们用拼搏为中考增添亮色,用优异成绩为中考书写完美的答卷,铸就明天的辉煌!

九年级 20

谈谈费曼学习方法
主题班会设计方案

一、教育目标

1.引导学生认识掌握科学学习方法的重要意义。
2.指导学生了解费曼学习方法。
3.引导学生形成一套适合自己的学习方法。

二、教育重点

让学生了解费曼学习方法。

三、教育过程

（一）学情调查

（略）

（二）学习方法不当的表现

1.学习无计划
整天忙于被动应付作业和考试，总考虑"老师要我做什么"，学习不主动。
2.不会科学利用时间
经常加班加点，但总忙不到点子上；不善于挤时间；平时松松垮垮，临到考试手忙脚乱。
3.不求甚解，死记硬背
死记硬背指不假思考地重复。
4.不能形成知识结构
知识结构是指知识经学生输入、加工、储存后在头脑中形成有序的组织状态。若知识结构不合理，知识再多也只是一盘散沙，无法发挥出应有的功效。

5.不会听课

课前不预习,对上课内容完全陌生,无法带着疑问去学;听课时开小差不记笔记,或充当录音机角色,把老师所讲的一字不漏记录下来;不善于思考;课后不及时复习等。

6.不会阅读

不善于选择阅读书目,完全凭个人兴趣或听从老师安排;没有阅读重点,不会精读和泛读,不是广种薄收,就是挂一而漏万;只会逐字逐句读,不善于带着问题去读,阅读后毫无收获。

7.抓不住重点和难点

在看书和听课时,不善于抓住重点和难点,找不到学习的突破口,眉毛胡子一把抓,全面出击,最后浪费了时间与精力。

8.理论与实际脱离

不善于在实践中学习、运用,不能用所学知识解决实际问题,动手能力差。

9.不善于科学用脑

这主要表现在:不注意劳逸结合,不善于转移大脑兴奋中心,大脑终日昏昏沉沉,学习效率不高。

(三)学习方法不当的成因

1.对学习方法的重要性认识不足。

2.对学习特点认识不足。

3.对自身状况和条件认识不足。

4.学习动机缺乏。

5.意志薄弱。

6.缺乏指导与训练。

以上原因会造成学习方法不当。除此之外,还有来自教师、家长、同学等各方面的原因,这些都对学习方法的形成产生影响,也都是造成学习方法不当的可能原因。

(四)费曼学习法

在一列开往北京的火车上,一位农民送儿女去读大学。父亲骄傲地告诉大家,今年儿女都考上了清华。

有人好奇地问:"你把两个孩子都送进了名牌大学,有什么诀窍吗?"

他的回答出人意料:"我不识字,也没有什么花招,就是让孩子教我!孩子每天放学回家,让他们把老师在学校讲的内容跟我讲一遍,如果有弄不懂的地方我就问孩子,如果孩子也弄不懂,就让孩子第二天问老师。如此一来,孩子既是学生又是老师,学习热情空前高涨。就这样,学习成绩从小学到高中一路攀升,直到考上清华。"

其实这位父亲所用的就是费曼学习法,只是他没意识到而已。

费曼学习法要领:

1.输出,把学过的内容教给别人。

2.简化,把学过的知识用别人能听懂的语言说出来。

四、总结

科学的学习方法是赢得中考的重要条件,希望同学们奋力拼搏,摸索总结,找到适合自己的有效方法,在中考考场上大放光彩!

九年级 21

优化方法，提高复习效率
主题班会设计方案

一、教育目标

1. 引导学生认识科学复习方法的重要意义。
2. 指导学生了解几种科学的复习方法。
3. 教育学生积极进取，努力实现中考目标。

二、教育重点

教育学生优化复习方法，努力实现中考目标。

三、教育过程

（一）课题引入

优化方法，提高复习效率是这段时间里同学们谈论的重点话题。复习质量的好坏，关系到中考结果。每个学生的复习方法虽有不同，但在最关键的时期，优化自己的复习方法，紧迫而又极为重要。

（二）介绍五种优化复习方法的策略

1. 策略一：梳理考点掌握知识体系——重课本、理考点

所有考点来自课本，要加强基础知识、薄弱部分的学习，将易混淆的概念、规律对比、区分，并适当练习进行巩固。首先重视对《中考说明》中所列考点理解分析，逐点扫描，逐个过关，扫除盲点，忌呆板机械记忆。其次要关注每年中考命题的必考点。最后，重视拉分点。中等生要想通过冲刺复习进步，不仅要做好基础题，还要适当关注拉分点，进行针对性复习，做到有备无患。

2. 策略二：对症下药，有的放矢——把时间用在刀刃上

认真、客观地分析每次考试出现的问题。看看哪些题失了分，弄清失分原因。比

如,是基础知识没掌握好,思维能力跟不上,还是学习态度不端正,审题不仔细,或是学习方法不好。中考复习时间有限,要做到"把时间用在刀刃上"。抓紧时间,多补薄弱学科的基础知识,细致分析丢分原因,避免中考时"短腿科目"拉分。若作业或复习练习遇到自己解决不了的问题,切忌置之不理,可以请教老师或同学!

3.策略三:整理错题集,适度训练——拒绝题海战术

冲刺复习期间,尽量多做历年中考模拟卷,精心整理出错题集。拿精选试题进行模拟训练,考察复习效果,及时作出调整。复习要根据自身特点找出差距和薄弱环节,适量做题,不要以为做题越多越好、越难越好。通过针对性训练来提高复习效果,熟悉中考题型,掌握必考知识。做完题后关键在于要学会反思,善于总结,尤其是对错题,要去寻找、分析做错的原因,才能避免难题解不对、基础题解不好。

4.策略四:平时当考试,练习当考题——避免无谓丢分

冲刺复习时,把每次作业都当成考试,养成良好的解题习惯,字迹端正,抓住得分点。关键是读题要仔细,解题过程要规范,忌轻视"过程"用语。如化学用语书写的规范性,物理、数学从书写公式、代入数据到解出结果、统一单位要步步落实,不能只写公式,不代入必要的数据就直接写出答案。不能在平时练习中嫌麻烦,省略一些内容,到中考时因过度紧张出现差错,造成无谓丢分。

5.策略五:突出"三练""四要",避免"五错"

(1)"三练"

一练"审题"与"破题"的方法,善于在以能力立意的问题中捕捉隐含条件,找到解决问题的关键;二练"开放性"与"多角度"的思维方法,一个问题要从多角度多侧面分析,使知识"迁移"和"再生";三练"经典题例",它是对重、难点的剖析,所以要特别注意分析的思路和方法。

(2)"四要"

第一,对面上的知识和概念的来龙去脉要搞清楚。既要注重结果,更要注重过程,这样才能在知识迁移中融会贯通,举一反三。

第二,对知识和概念的易混点(难点)归纳类比,要辨别易混点的区别与内在联系,建议大家尽量找出自己的疑难问题,记录在册,及时找老师和同学解决。

第三,通过对知识和概念的梳理也就是主干知识构建学科知识体系,要归纳总结,使学科知识结构网络逐步清晰。

第四,对知识和概念的运用要依据学科思维方式去思考和分析,掌握学科思维方式和思想方法,考试答题规范有序,避免不符合规范而被扣分。

(3)"五错"

避免"五种错",即看错、想错、算错、写错、抄错。读题和审题是解题的基础,读题不

能匆匆而过,应该字字落实,答题时注意不能多字、漏字及语言要规范、通顺,不写错别字,同时要避免粗心大意,以及受思维定式的影响。

四、总结

只要我们积极主动、乐观向上、全力以赴,讲究科学的复习方法,争分夺秒,持之以恒,一定能收到良好的复习效果,笑傲中考,收获成功!

九年级 22

中考逆袭，皆有可能

主题班会设计方案

一、教育目标

1. 引导学生正确认识学习困难。
2. 教育学生树立中考目标。
3. 教育学生学会中考冲刺策略。

二、教育重点

教育学生正确认识自己并为目标奋斗。

三、教育过程

（一）介绍逆袭中考案例

某同学就读于一所普通中学，性格活跃，因此被选为班长。他人缘好、好交友，平时会花大量时间和同学玩耍，最终在九年级上学期结束时成绩排在班里的40名左右（一个班60多个人）。期中考试结束后，班主任和他父亲交流了他的学习情况。当他父亲知道他的成绩可能连县城里的普通高中都考不上时，一向沉默寡言的父亲只说了一句话，"考不上一中（我们县最好的一所高中），就回家种地吧！"他来自农村，深知干农活苦，初中毕业后就回家种田，他不要那样的生活！可父亲一向一言九鼎，他若想不回家种地，必须考上一中。

经过一个多星期的失眠和焦躁后，他从一本书上化解了心中的烦恼。那是一个初冬的晚上，烦闷的他决定出去走走。在一个书摊上，他翻开了一本叫《战胜自己》的书。书里面写了哪些内容他已经记不清，但那这本书让他一口气看了几十页，最终在老板要收摊时他掏出一天的伙食费把它买下，然后一口气读完了。虽然记不清书的内容，但这本书给了他一个信念，那就是——相信自己！

从读完《战胜自己》第二天起，他不再为成绩不好而烦恼，而是选择正视自己的成绩与一中分数线的差距。根据期中考试的每个学科成绩,他为每科学习需要增长的分数设定了目标:英语+30分、数学+30分、语文+20分、物理+20分、化学+20分、政治+20分、历史+20分,再多考160分,一中就能上!

然后,他又分析了每科的失分点,同时找到老师帮他指出自己的不足。最后,他给每个学科制订了提分计划。在100多天的时间里,他每天坚持早上6点起床、晚上11点睡觉,遇到问题就问老师和同学,不断梳理各科知识和解题技巧。就这样,他的成绩开始一天天上升。

在他放下焦躁与迷茫开始着手备战中考之后,经过努力,中考分数下来的那天班主任给他打电话,"赶快到学校填报志愿,你考了680分,超过一中分数线十几分。"

(二)讨论:案例给你什么启示

启示一,相信自己,改变自己。

启示二,给自己一个目标。

启示三,坚定行动。

(三)冲刺攻略

1. 攻略一:回归教材

一位九年级班主任说,历届中考中都会有"黑马"学生出现,这并不奇怪。这些"黑马"学生有个共性:他们在最后冲刺阶段的复习状态特别好。

在最后的复习阶段,成绩较差的学生主要有三种心态,一是彻底放弃了,二是紧张起来豁出去最后一搏,三是心态平和抓重要知识点复习。在这三种状态下,后两类的学生会因人而异取得明显进步,很多学生可能会在短时间内总成绩进步30分,甚至50分。

这个时期的最佳复习方法就是回归教材。只要教科书中的练习题和例题都做会了,中考试卷中的基础分就基本到手了。所以,回归教材是冲刺复习的根本。

2. 攻略二:解决偏科

一位九年级班主任认为,其实偏科问题并不可怕,只是很多家长和学生都把偏科定义得非常严重,他们觉得一旦偏科了,就是不适合学习这一科,把偏科理所当然化。

其实,越有这种想法就越难学好这一科。事实上,根据学生们的智力水平,基本上不存在"不适合"学习某一学科这种情况。学生不爱学或者学不好通常是心理原因,比如曾经不喜欢某一科的老师,或者在学习过程中突然遭遇某些难题而产生抵触情绪等。只要改变这些心理因素,对这一学科重新产生兴趣和信心,很快就会改变学习效果。

3. 攻略三:放弃难题

(略)

4.攻略四:自我把脉

在最后冲刺阶段应该给学生足够的自我复习和自我调节的空间。因为中考时所考查的是学生的全面水平,所以这个时候学生的某一科达到什么样的水平已不再重要,重要的是要知道自己还在哪些科目上有提升空间。这个时候,不要担心暴露弱点,只有了解自己的弱点才能有的放矢、提升成绩。

(四)欣赏一篇高考满分作文

作文:《认识自我,走向成功》

(略)

四、总结

中考渐近,不管我们处于多么不利的位置,只要我们认准目标,努力进取,就一定会成功,圆梦中考。

九年级 23

知识改变命运，学习成就未来
主题班会设计方案

一、教育目标

1. 引导学生认识知识在人生中的重要意义。
2. 教育学生勤奋好学、奋发有为。
3. 激发学生备战中考的热情。

二、教育重点

教育学生深刻认识知识的重要性，激发为中考拼搏的热情。

三、教育过程

（一）引入

1. 今天，我们为什么学习？
2. 现在，你距离高中时的梦想是近了，还是远了？为什么？
3. 现在，你为过去的行为后悔吗？
4. 在距离中考的这段日子里，你打算怎么度过？

（二）学习寓言

鹅卵石与钻石

一天晚上，一群游牧部落的牧民正准备安营扎寨休息时，忽然被一束耀眼的光芒所笼罩。

神出现了。神说："你们沿途要多拣拾一些鹅卵石，放在你们的马褡子里。否则，你们会非常懊悔。"

说完,神就消失了。牧民们感到非常失望,原本以为神会给他们带来无尽的财富和健康长寿。最终,人们还是遵从了神的旨意,各自拣了些鹅卵石,放在马褡子里。

第二天,夜幕降临,他们再次安营扎寨时,忽然发现昨天放进马褡子里的每一颗鹅卵石,竟然都变成了钻石。他们后悔极了,后悔没有拣拾更多的鹅卵石。

思考:这个故事的寓意是什么?

提示:现在我们觉得没用的知识,就像故事中的鹅卵石,将来可能变成无尽的财富。

(三)在真实的故事中体会:知识意味着什么,如何学习知识

近日,在复旦大学某奖学金评选现场,一位身材矮小的博士以其扎实的学术根基和勤勉的态度赢得专家的一致好评,最后以总分第三名入围。

但很少有人知道,这位被专家所认可的优秀学子数年前曾是在街头摆地摊的小贩。

回忆那段15年的"小贩岁月"时,魏宏远的语气里仍带着伤感,但很快又开朗起来,"我卖过烧饼、馒头、还卖过菜……"勤劳和机灵为他招揽了不少生意,每个月他能净赚近400元,不仅能支付家里所有生活开销,还略有剩余。读过书的魏宏远还积极寻求其他发展机会,他尝试过维修家电、栽种蘑菇等多种行业。

在摆摊谋生的日子里,魏宏远并未放弃学习。每天收工后,他就急切地回到书桌旁读书。在河南所有报考兰州大学的考生中,他以总分第二的成绩被破格录取。

2002年,魏宏远考入上海大学文学院攻读硕士学位。2005年,他被复旦大学中国古代研究中心录取为博士生,在博士入学面试时,导师陈广宏教授问他为何考博,他说:"知识改变了我的命运,知识使我获得尊严,知识给我带来无限快乐。"

(四)各抒己见

1. 你认为知识能改变命运吗?
2. 今天我们努力学习有何意义?
3. 谈谈你今后将怎样学习,并确定一个明确的奋斗目标,制订一个具体的学习方案。

(五)名人观点

学习是一个人的真正看家本领,是人的第一特点、第一长处、第一智慧、第一本源,其他一切都是学习的结果,学习的恩泽。

四、总结

知识改变命运,学习成就未来,让我们畅游知识的大海,汲取力量,铸就光明的未来!

九年级 24

争做时间主人,把握中考主动
主题班会设计方案

一、教育目标

1. 引导学生认识时间的宝贵。
2. 指导学生高效利用时间。
3. 教育学生珍惜时间,为中考梦想拼搏。

二、教育重点

教育学生珍惜时间,科学高效利用时间。

三、教育过程

(一)学生学习现状

许多作业要做,
许多知识已忘,
许多书本与笔记,
开了又合,合了又开,如此的慌张。
我来来往往,我匆匆忙忙,
从宿舍到教室,又从教室到食堂。
忙忙忙,盲盲盲,
盲得已经没有主张,
盲得已经失去方向,
忙得分不清欢喜和忧伤,
忙得没有时间痛哭一场,
成绩却还是老样。

（二）如何改进

1.有哪些科目是自己觉得发挥正常的或不正常的？

2.有哪些科目是自己感到发展的空间已很有限的？

3.有哪些科目是我现在必须且可以开始努力并进一步提高的？

4.你属于哪种行为模式？

狮子型：紧迫感，喜竞争，走路、动作较快，进餐迅速，讨厌耽搁，不耐心。

考拉型：放松，作决定需要一定时间，走路、动作较缓，若有所思，乐于倾听，耐心。

5.反馈总结

(1)每天的计划实施了多少？

(2)实施过程中收获了多少？

(3)还有什么做得不足？(找出哪些地方可以做得更快更好。)

（三）如何管理时间？

1.高效利用每一分钟

一分钟，可以阅读一篇三四百字的文章。

一分钟，可以跑几百米。

一分钟，可以收拾一下桌子，整理一下书包。

一个小学生一分钟能做约10道口算题，可以读约4首古诗。

铅笔厂一分钟可以生产上千支铅笔。

银行点钞机一分钟可以点上千张人民币。

一分钟，还可以让我们迅速逃离地震现场，保住自己的生命。

2.帕金森法则

当我们计划用多少的时间来完成一项工作的时候，该项工作就会用完所给的全部时间。例如，老师安排给你一星期时间完成一篇作文，你就会花上一星期才能完成。如果老师规定时间为两星期，那么，你就会花上两星期的时间。

帕金森讲述了一个老太太寄明信片的故事：一位老太太要给侄女寄明信片，她用了1个小时找明信片，1个小时选择明信片，找侄女的地址又用了30分钟，用1个多小时用来写祝词。考虑去寄明信片时是否带雨伞，又用去20分钟。做完这一切，老太太劳累不堪。同样的事，一个工作特别忙的人可能花费5分钟在上班的途中就顺手做了。

为什么老太太需要这么长的时间来寄一封明信片？因为她动作迟缓吗？

她是有些迟缓，但这并不是主要原因。

答案很简单，这就是因为帕金森法则，因为老太太有一天时间任她自由使用，所以，她就需要花上一整天。

3.拒绝无效时间

(1)建立有效的学习环境

①尽量保持桌面整洁。

②学习中经常要用到的用品应容易取得。

③每一件物品应摆放在固定的位置。

④把各科的资料分好类。

⑤把不再需要的东西坚决扔掉。

(2)善用零星时间

利用好闲谈时间、走路时间、睡前时间、排队时间等。

(3)适合在自己高效率期做的事

复习、消化旧知识,记东西,章节的系统复习。

(4)适合在自己中效率期做的事

做课外作业,预习,学习计划。

(5)适合在自己低效率期做的事

基本的资料分类,例行事务,文体活动等。

(6)逆势操作

当别人玩的时候我就去学习。

四、总结

马克·吐温说过,黄金时代在我们面前而不在我们背后。愿我们珍惜每一分钟,为圆梦中考不懈努力!

九年级 25

自信支撑中考
主题班会设计方案

一、教育目标

1. 引导学生认识自信的重要意义。
2. 教育学生养成积极健康的心态。
3. 教育学生拼搏进取、圆梦中考。

二、教育重点

教育学生拼搏进取、圆梦中考。

三、教育过程

（一）引入

自信者、自卑者、自负者有什么区别？

自信者既看到优点，又看到缺点。

自卑的人首先对自己不满，不满意自己的长相、状态、成绩等，往往表现为情绪消极、缺乏进取心、性格孤僻、悲观，有时还会以暴怒、嫉妒、自暴自弃等形式表现出来。

自负的人自以为了不起，往往过高地估计自己，看不起别人，自以为是。而且，自负者依据的事实是虚假的，追求的目标根本不可能达到。

（二）何谓自信

1. 故事："自信"的青蛙

一群动物举行比"大"竞赛。老牛走上擂台，台下一片惊呼声："大！"大象登台表演，台下又一片欢呼："大！"

青蛙看在眼里，很不服气，跳上一块巨石，鼓起肚皮，神采飞扬地高喊："我大吗？""不大！"传来一片嘲讽之声。可是这一点也不能打击它的自信，青蛙继续鼓肚皮。

"嘭"的一声,青蛙的肚皮破了。青蛙至死也不知道它到底有多大。

这是一只多么"自信"的青蛙啊!

2.自信的三种理解

(1)能力自信:勇于将自己的能力体现出来。

(2)非能力自信:对自己不能做的事,坦然处之。

(3)潜能力自信:对自己潜在能力充满自信。

(三)想一想:自信是什么样子

1.外貌和表情:眉毛扬起来、眼睛炯炯有神、微笑、精神抖擞。

2.举止和态度:昂首挺胸、正视对方、自然舒展、热情友好、活泼。

3.个人品质:果断、真诚、勇敢、守信、虚心、可靠、幽默、理智。

4.心情和体会:愉快、轻松、享受、开朗、舒适、平静、安稳。

(四)在故事中品味自信

1.《庄子》故事。

2.邓亚萍"我自信,我成功"。

3.刘翔"随便来,我不怕的"。

4."我是杨扬,相信自己"。

(五)自测

你的中考态度积极吗?

选项中:1分代表"从不",2分代表"偶尔",3分代表"经常",4分代表"总是"。得分相加,看看你目前的积极性程度。

1.我发现保持乐观心态很难。

2.我觉得学习抛弃了我。

3.考试失利时,我低头屈服。

4.想到中考自己就情绪低落。

5.我容易想到最坏的方面。

6.我与人交谈感觉前言不搭后语。

7.我觉得自己没有价值。

8.我对别人感到失望。

9.我觉得周围充满不信任。

10.我容易回忆失败的考试。

11.面对赞美我会局促不安。

12.我觉得自己越学越笨。

13.我会被坏心情淹没。

14.我容易发怒。

15.我无法实现自己的人生理想。

16.我容易忧虑不安。

17.别人说我是悲观主义者。

18.我很难自得其乐。

19.我缺乏自信。

20.我做事没有动力。

21.我的生命没有意义、缺乏目标。

22.我没有舒适安逸的生活环境。

23.我睡眠不好、全身无力。

24.没有人理解我。

25.我的生活方式充满压力。

26.我无法控制自己的生活。

27.我的家庭没有给我带来温暖。

28.我不满意我的学习生活。

29.我缺乏成就感。

30.失败的事情会带给我很大打击。

31.我的危机一个接着一个。

32.我对自己所处的年代不满意。

测试结果：

32—64分：你的生活态度非常积极。

65—95分：你的积极性一般，但通过帮助和学习，你将改善自己思维方式。

96—128分：你的生活态度令人担忧，需要获得有益的心理策略。

我的弱点在于：_____。

我的优点在于：_____。

（六）自信的技巧

1.挑前面的位子坐。

2.说话时正视别人。

3.把你走路的速度加快25%。

4.练习当众发言。

5.在众人面前大声朗诵。

6.咧嘴大笑。

(七)如何拥有强大的信心

1.培养耐心。

2.习得并精通一种技能。

3.相信积累的力量。

4.了解自己的局限。

5.凡事儿都要提前做足功课。

6.注意细节。

7.培养从容的态度。

8.关心身边的人。

9.不要轻易追求完美。

10.尽量独立,承担必要的责任。

(八)中考信心源泉

1.课前预习,提出疑问。

2.专心听课,做好笔记。

3.复习巩固,独立做作业。

4.认真考试,考后不忘查漏补缺。

(九)体会数字的含义

1."7+1>8",含义:7个小时的学习加上1个小时的体育活动所取得的效果要比8个小时连续学习的效果更好。

2."5+2=0",含义:5天的学习加上2个整天的玩相当于什么也没学。

四、总结

中考需要自信,希望同学们拥有自信,扎实行动,以优异成绩实现中考目标。

九年级 26

承担责任
主题班会设计方案

一、教育目标

1. 引导学生认识学习知识对人生的重要意义。
2. 教育学生主动承担个人、集体、家庭责任。
3. 教育学生努力拼搏,圆梦中考。

二、教育重点

教育学生承担责任,为中考拼搏。

三、教育过程

(一)班会引入

每个生命都有青春,每个青春都有梦想。畅想梦想,让我们享受青春。

初中时代正值生命的春天,胡适先生说过:"生命本没有什么意义,你要能给它什么意义,它就有什么意义。"面对中考,我们唯一能做的,就是担起责任。

(二)对自己负责

1.《中华人民共和国刑法》中有相应规定,已满十二周岁不满十四周岁的人,犯故意杀人、故意伤害罪,致人死亡或者以特别残忍手段致人重伤造成严重残疾,情节恶劣,经最高人民检察院核准追诉的,应当负刑事责任。

2.案例对比

一是奥运冠军杨扬刻苦读书的故事。

二是世界冠军邹某兰当搓澡工的故事。

这种结果是怎样造成的? 请同学们谈谈自己的感想。

3.学习周国平的短文:《对自己的人生负责》

4.如何对自己负责

如何对那个今后的你负责呢？答案只有一个：向今天负责，抓住今天的机会，为中考拼搏，为今后的你打好基础！

（三）对集体负责

1.观察植物界的一种现象

在植物界，加州红杉应该算是最雄伟的，其长成后的高度可达八九十米，相当于三十层楼的高度。

一般来说，长得越高大的植物，它的根深入土中越深，以确保其不受风雨的侵袭而屹立，然而出人意料的是加州红杉的根，却只是散布在土壤的浅层中。

根扎得不够深的红杉为何能抵挡风雨？为何能长得如此高大呢？

研究发现，红杉的生长总是成群相伴而生，并没有单独生长的，这一大片红杉彼此之间的根绞缠叠绕，紧紧相连。它们的根大范围密布于地表，方便快捷吸收赖以生长的水分与养分，并将向下扎根的能量全部用以向上生长。

加州红杉就是这样，打破了一般植物的生长方式，终于成为屹立不倒的大片红杉林。

2.这种现象告诉我们什么道理？

提示：紧紧地依靠集体，才能有无穷的力量。

3.思考：我能为班级做些什么事情？

（四）对家庭负责

1.认识父母的能与不能

我能给予你生命，但不能替你生活。

我能指导你如何做人，但不能为你所有的行为负责。

我能告诉你如何分辨是非，但不能替你做出选择。

我能教你如何尊重他人，但不能保证你受人尊重。

我能告诉你真挚的友谊是什么，但不能替你选择朋友。

我能告诉你必须为人生确定崇高的目标，但不能替你实现这些目标。

我能肯定我将尽自己最大的努力给予你最美好的东西，但不能给予你前程和事业。

2.怎样为家庭尽责

(1)尊敬父母，不顶撞父母。

(2)听从父母教导，立志上进。

(3)体会父母辛劳，勤俭节约。

(4)搞好学习,以优异成绩回报父母。

(5)为父母做力所能及的家务事。

四、总结

青春是一份责任,更是一种磨砺,正如春日之花对秋天之果的责任。中考逼近,这份责任更加可贵,希望同学们坚定青春奋斗目标,牢记父母养育之恩,为实现中考梦想尽责,脚踏实地迈向美好的高中时代。

九年级 27

做最好的自己

主题班会设计方案

一、教育目标

1. 引导学生认识自信的重要性。
2. 教育学生正确面对困难和挑战。
3. 教育学生努力打造最好的自己。

二、教育重点

教育学生正确对待困难与挑战,挖掘自己的潜力。

三、教育过程

(一)自测当前状态

填写一个描写情绪或行为的词语:
现在,面对学习和生活,我(　　)。
提示:自信、微笑、轻松、紧张、忧虑……

(二)分享故事

1. 推销员的故事

两个欧洲人到非洲去推销皮鞋,由于天气炎热,当地人向来都是打赤脚。第一个推销员看到当地人都打赤脚,立刻失望起来:"这些人都打赤脚,怎么会要我的鞋呢。"于是放弃努力,沮丧而回。另一个推销员看到当地人都打赤脚,惊喜万分:"这些人都没有皮鞋穿,这皮鞋市场大得很呢。"于是想方设法,引导当地人购买皮鞋,最后发大财而回。

2. 塞尔玛的故事

有一位女士叫塞尔玛,她随丈夫去从军。没想到,部队驻扎的地方在沙漠地带,住的是铁皮房子,她与周围的印第安人、墨西哥人语言不通。当地气温很高,在仙人掌的阴影下都能达到52℃。更糟糕的是,后来她丈夫奉命远征,只留下她孤身一人。因此,她整天愁眉不展,度日如年。没办法,她只好给父母写信。

父母的回信令她大失所望,只写了一句话:"两个人从监狱的铁窗往外看,一个看到的是地上的泥土,另一个人看到的却是天上的星星。"塞尔玛反复琢磨,终于明白了父母的苦心,希望她不要总是消极地看问题。

于是,她开始主动地和那些印第安人、墨西哥人交朋友,结果让她十分惊喜,因为她发现他们十分好客、热情;她又开始研究沙漠里的仙人掌;她欣赏沙漠的落日,感受沙漠里的海市蜃景。经过这些改变,塞尔玛发现周围的一切都变了,变得使她每天都仿佛沐浴在春光里。

这是为什么呢?沙漠还是原来的沙漠,铁皮房还是那个铁皮房,印第安人、墨西哥人也都没有改变,但她的内心发生了改变,现在的她习惯选择从积极的一面去看问题。后来,她根据自己的亲身经历写了一本叫《快乐的城堡》的书,该书引起了很大的轰动。

(三)如何塑造最好的自己

1.学会微笑

莎士比亚说:"如果你一天中没有笑一笑,那你这一天就算白活了。"

心理学家认为:"会不会笑,是衡量一个人能否对周围环境适应的尺度。"

2.学会接受

真正的自信来自对自我的悦纳,就是接受自己目前的状态,并报以积极的态度直面它,做到不责备、不逃避、不遗忘,才会释放出最大的能量。

3.心怀必胜、积极的想法,并努力付诸行动。

4.学会不再埋怨

态度决定命运,过怎样的生活是由我们自己的努力决定的。

5.自律、坚持

新时代,最大的危机是没有危机感,最大的陷阱是满足。顺境时要想着为自己找个退路,逆境时要懂得为自己找出路。

四、总结

我们生活在这个时代是幸运的,我们没有理由不追求美好的生活。在中考面前,我们要坚定信心,迎难而上,保持拼搏状态,做最好的自己!

九年级 28

如何调节学习压力
主题班会设计方案

一、教育目标

1.引导学生认识学习上有压力是常见的现象。
2.教育学生采取合适的方法调节情绪。
3.教育学生塑造阳光乐观的心态,健康成长。

二、教育重点

教育学生正确面对压力,科学调节情绪。

三、教育过程

(一)心理小测试

你看到下面这张图片(图9-28-1)是不是在动呢?心理医生说,下面这张图片与心理承受力有关,你的心理承受力越强,图片转动越慢。

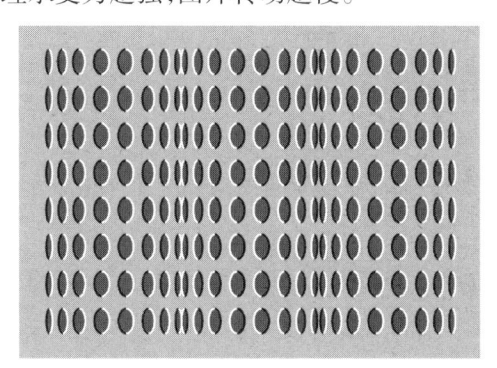

图9-28-1

1.如果你看到图片是静止不动的,说明你没有什么心理压力。
2.如果你看到图片中的花瓣是有一点点缓慢转动的,那就说明你存在着一定的心理压力。

3.如果你看到图片是高速旋转的,那或许你目前正承受着较大的心理压力。

(二)心理压力自测

对下列各题做出"是"或"否"的回答:

1.因为发生了某些没有预料到的事,你感到了心烦。

2.你感到不能控制你生活中的重要事情。

3.你常常感到紧张和有压力。

4.你常常不能有效地应对生活中有威胁性的争吵。

5.你觉得不能有效地应对你生活中所发生的重要变化。

6.你对解决学习中的难题没有信心。

7.你感到事情不是按照你的意愿发展。

8.你发现你不能应付你必须要做的事情。

9.你不能控制生活中的一切烦恼。

10.你觉得所有方面你都是失败的。

11.因为事情发生在你能控制的范围之外,你会因此而烦恼。

12.你发现自己常在考虑自己必须完成的那些事情。

13.你不能控制消磨时间的方式。

14.你感到积累的大量困难不能克服。

15.和父母一谈到学习,就想方设法回避。

16.如果你和同学有了矛盾,这件事会引起焦虑和不安并使你抱怨。

17.若你才买的新鞋穿一天就裂口了,你会很气愤。

18.由于某件小事你与好朋友发生了争执,结果你会回家一个人生闷气,想忘掉这件事却总是不能。

19.当父母因为学习而责怪你使你感到压力很大时,你不会与他们争执,而是自己压抑情感。

20.你的一个非常要好的知心朋友转学走了,这让你很难过,你会逃避现实,使自己相信这不是事实。

21.如果有一天,你的能力被人们认识到并被赋予一项重要的工作,你会考虑放弃这个机会,仅仅因为这项工作的工作量太大了。

22.你的一个非常亲近的人在一场事故中受了重伤,你从电话里得到这个消息,你会去医务室向医生要一些镇静剂,帮助你度过以后的几个小时。

23.如果有一天你突然感到不舒服,你会拖着不去看病,认为病最终会好的。

24.考试结束后你担心自己考不好,又不愿与人交流,心里总是放心不下。

25.你常担心别人背地里说你坏话。

26.你一旦放下手机,就感觉心里空荡荡的。

27.你习惯睡懒觉,学校突然规定要出早操,你会为早起而烦恼。

评分规则:

回答"是"记1分,"否"记0分。各题得分相加并统计总分。

你的总分:

0—9分:你能够应付生活中的许多事情,但有时也会有些烦恼,这是正常的。

10—18分:你有轻度的心理压力,虽然常会体验到不必要的烦恼,但你基本能处理生活中的问题。你应学会调节自己的心情,保持轻松愉快的心境。

19—27分:你已经在承受巨大的心理压力,你不能处理生活中的许多问题,因此你感到紧张、不安,你的学习生活、身心健康受到影响。你应尽快改变这种状况,否则将使你学习生活不能正常进行。

(三)讨论

1.一起来寻找解决学习压力的办法

(1)不要把目标定得高于自己能力所及。

(2)有效地分配时间。

(3)学习效率降低时应做适量运动,既可强健身体,亦可减压。

(4)遇到困扰或情绪低落时,可与家人或朋友倾诉,获得支持和关怀,亦可发泄情绪。

(5)必要而充足的睡眠,这对松弛绷紧的神经至关重要,对于处在身体发育时期的学生来说尤为重要。

(6)如果实在感觉压力太大,无法承受致使情绪低落,不妨听听音乐,或者和同学打打球。

(7)养成持之以恒,平衡有序的生活习惯,不要"读死书",别放弃课外阅读,和家人、好友去户外活动或发展个人兴趣。

2.心理学家推荐:青少年宽松情绪法。(可自行上网查阅)

四、总结

希望同学们都能成功地缓解学习压力,共同创造属于我们班级的辉煌!

九年级 29

学会调控情绪
主题班会设计方案

一、教育目标

1. 引导学生认识情绪是可以调控的。
2. 教给学生常用的情绪调控方法。
3. 教育学生保持良好情绪。

二、教育重点

教给学生常用的情绪调控方法。

三、教育过程

(一)小故事引入

下面故事给了你什么启示?

一个粗心的医生,将两个病人的诊断报告弄错了。原本没有癌症的病人因为错误的诊断报告,而极度伤心、痛苦、焦虑,并且情绪极不稳定。没过多久,在医院的再次检查中,果真发现了癌症的倾向。而那位本来有癌症倾向的病人,由于拿到了没有癌症倾向的诊断证明,情绪变得高涨,心情变得愉悦,病情反而渐渐好转。

(二)请你分析

对同样的事情,为什么不同的人会有不同的情绪表现呢?

这是因为每个人看问题的角度和态度不同。

1. 球迷为什么会在自己身上涂满色彩标志

球迷指关心热爱足球,对足球有着深厚感情和极大的兴趣的人。他们在每场比赛中都情绪高涨,十分投入,用各种方式表现个性情绪。相反,有些人对足球不感兴趣,再盛大的比赛也不能激发他们的热情。兴趣不同,人们的情绪感受也会不同。

2.智慧故事:请不要开错窗

一个小女孩趴在窗台上,看到窗外的人正在埋葬她心爱的小狗,不禁泪流满面,悲伤不已。她的外祖父见状,连忙引她到另一个窗口,让她欣赏他的玫瑰花园。果然小女孩的心情顿时明朗起来。老人托起外孙女的下巴说:"孩子,你开错了窗户。"

(三)感受好情绪

有一个孩子跑到山上,无意间对着山谷喊了一声:"喂——"声音刚落,从四面八方传来了一阵阵"喂——"的回声,大山答应了,孩子很惊讶,又喊了一声:"你是谁?"但山也回应:"你是谁?"孩子生气了,喊道"我恨你!"哪知道这一喊,整个群山传来的声音都是"我恨你!",孩子忍不住了哭着回家告诉了妈妈,妈妈对他说:"孩子,你回去对大山喊'我爱你'试试吧。"

孩子又跑到山上,果然,这次孩子被包围在"我爱你,我爱你……"的回声之中,孩子笑了,群山也笑了……

(总结)教师:生活就像一面镜子,你对它哭,它就对你哭;你对它笑,它也对你笑。情绪与我们个人的态度是紧密相连的,我们可以通过改变自己的态度来控制自己的情绪。

(四)如何调控情绪

1.转移法

当自己不开心的时候,把不开心的感觉转移到别的东西上去。

如自己考试考得不好,很不快乐,那就想想上个周末去郊游的事情,老师表扬自己的时刻,就会变得快乐!

2.呼吸调节法

当自己觉得很不开心的时候,闭上眼睛,深吸气,然后把气慢慢吐出来;再深吸气……如此持续几个循环。呼吸就会变得平稳,整个人也平静下来了!

3.表情调节法

当自己不开心的时候,到镜子面前对着自己扮鬼脸。你会发现自己也可以逗自己笑,笑起来的自己其实也很可爱。

四、总结

没有什么烦恼是我们不可以解决的。除却乌云见晴天,我们排除了烦恼也就见到快乐了!大家还会不快乐吗?

九年级 30

奋力冲刺，决胜中考
主题班会设计方案

一、教育目标

1. 激发学生信心。
2. 引导学生迸发积极学习精神。
3. 教育学生奋力冲刺、备战中考。

二、教育重点

教育学生奋力冲刺、决胜中考。

三、教育过程

（一）引入：中考在即，我们如何挖掘自己的潜能

人的潜能如一座待开发的金矿，蕴藏无穷能量，价值无比。一个大脑健康的人与一个伟大科学家之间，在智力方面并没有不可逾越的鸿沟，他们的区别只是用脑程度与方式的不同。人脑的潜能是无穷无尽的，你要相信自己就是一位潜能无比的天才。

（二）三次龟兔赛跑给我们的启示

很久以前，乌龟与兔子之间发生了争论，它们都说自己跑得比对方快。于是它们决定通过比赛来一决雌雄。确定了路线之后它们就开始跑了起来。

兔子一路领先，看到乌龟被远远抛在了后面，它想先在树下休息一会儿，再继续比赛。结果兔子很快睡着了，乌龟慢慢地超过了它，并且完成了整个赛程，当上了冠军。

（启示一：稳步前进者往往能够获得最终的胜利。）

兔子因为输掉了比赛而感到失望，它分析了失利的原因。兔子发现，自己失败只是因为过于自信而导致粗心大意、疏于防范。

于是兔子再次向乌龟提出挑战:再比一次。乌龟同意了。在这一次比赛中,兔子毫不停歇地跑到了终点,把乌龟远远甩在后面。

(启示二:迅速并且坚持下去一定能打败又稳又慢的对手。)

乌龟输了比赛也一样不甘心,分析了自己失败的原因后,又去找兔子重新比赛。这次比赛选择了新的路线。路线的中途有一条大河,善于奔跑的兔子跑到河边束手无策,没有办法过河,比赛的结果可想而知,乌龟赢得了这场比赛。

(启示三:有些时候对手的弱项正好是我们的强项。)

(三)冲刺中考,看齐榜样

憧憬中考

(作者介绍:刘鑫沂,初2022级16班学生,九年级质量监测考试总分居全区第一名。)

转眼间,三年的初中生活就要结束了,在我们最美好的青春时代,我们即将迎来第一次重大的人生抉择——中考,怎样扣好人生的第一颗扣子,关系着我们每个初中生的未来发展。

中考,就像一首简单而又美妙的音乐。两年前,当我们怀着好奇的心情进入初中时,我们就像在欣赏一段舒缓的音乐,每时每刻都在感受不同音符的魅力,这音乐的第一乐章的高潮就是中考,它像我们人生路上听到的第一次冲锋号,激情万丈,热情澎湃,激励着我们冲过第一个险滩,完成人生的第一次蜕变。中考,又像是那高远的天空,我们好似一只只幼鹰,天高任鸟飞的壮志激励着我们要努力展翅高飞,才能看到不一样的风景。我们憧憬着中考,准备着中考,努力去实现人生中的第一次华丽蜕变。当然我们明白,要实现我们的理想,得做好很多准备:

第一,憧憬中考,激发对学习的渴望。爱因斯坦曾说:"兴趣是最好的老师。"正如你想结交新朋友一样,首先是对新朋友产生兴趣,然后你才会去了解他,彼此成为朋友。我们认真对待学习,和书本做朋友,就是要有学习的兴趣,兴趣有了,你才会越来越喜欢上学习,每一次学习都会让你收获满满,学习效率也会事半功倍。

第二,憧憬中考,保持学习的热忱和恒心。凡事不能只有三分钟热情,想踏进优质的高中,就得有持之以恒的决心。任何事都不能一蹴而就,学习就像盖高楼,过程复杂繁琐还可能有点枯燥,但只有每天坚持都脚踏实地做好每一项工作,最后才能看到宏伟的大厦。

第三,憧憬中考,寻找适合自己的学习方法。上课认真听讲,踊跃回答老师的提问。课后要归纳整理好当堂课的笔记,及时做好复习以及提前做好预习。作业要认真对待,不抄袭作业是每个学生的底线,只有自己把知识都掌握了,才不会做错。不懂的问题要及时问老师,做一个求知若渴的人比做一个不懂装懂的人更加讨人喜欢。

四、总结

同学们,时光匆匆,岁月如歌。今日,我们努力备战,明日,我们共赴考场。同学们,你我皆是少年,当许凌云志,做人间第一流!